D1748804

Holger Möllenberg

Die Rhetorik indianischer Literatur

Gedankliche Voraussetzungen moderner Literatur der Indianer Nordamerikas und ihre rhetorische Verwendung zur Beeinflussung einer differenzierten Leserschaft

Rita G. Fischer Verlag

CIP-Kurztitelaufnahme der Deutschen Bibliothek

Möllenberg, Holger:
Die Rhetorik indianischer Literatur : Gedankl.
Voraussetzungen moderner Literatur der Indianer
Nordamerikas u. ihre rhetorische Verwendung zur
Beeinflussung einer differenzierten Leserschaft /
Holger Möllenberg. — Frankfurt (Main) : R. G.
Fischer, 1982.
 ISBN 3-88323-314-5

D 61

© 1982 by R. G. Fischer Verlag,
Alt Fechenheim 73, D-6000 Frankfurt (Main) 61
Alle Rechte vorbehalten
Herstellung: Druckhaus J. Knaack, Darmstadt
Printed in Germany
ISBN 3-88323-314-5

Ich danke besonders Herrn Prof. Dr. Rauter für seine hilfreiche Unterstützung und anregende Beratung, sowie all denen, die mit zum Zustandekommen dieser Arbeit beigetragen haben.

INHALT

Seite

Einleitung 1

I. Die Darstellung der Indianer in der Literatur weißer Autoren des 18. bis 20. Jahrhunderts 4

    A. Der "edle Wilde" in der Vorstellung der Romantik 4
    B. Der blutgierige Indianer in der Vorstellung der Kolonisten 14
    C. Das differenzierte Indianer-Bild im 20. Jahrhundert 16

II. Die Selbstdarstellung der Indianer in den mündlichen Überlieferungen 22

    A. Religiöse Mythen 22
    B. Der Trickster 26
    C. Vor-kolumbianische Gedichte und Epen 27
    D. Die "Oratories" 30

III. Die Rhetorik in der modernen indianischen Literatur 32

    A. Methodische Ansätze 32
    B. Die Problematik des Ansprechens einer differenzierten Leserschaft für die indianischen Schriftsteller 35
        1. Voraussetzungen, um den weißen Leser anzusprechen 35
        2. Voraussetzungen, um den indianischen Leser anzusprechen 38
    C. Das Wort als Waffe und die Ironie als besonderes Stilmittel in der modernen indianischen Literatur 40
        1. Die Bedeutung des Wortes 40
        2. Ironie als Mittel der Gesellschaftskritik 50

Seite

IV. Die Rhetorik moderner Indianer-
Literatur, dargestellt an verschiedenen Literaturgattungen   60

    A. Die Autobiographie "Black Elk Speaks"   60

        1. Merkmale der indianischen Autobiographie   60

        2. Die Visonen als Mittelpunkt indianischen Lebens   62

        3. Die Lebensphilosophie der Indianer   74

           a) Religionen und Mythos   74
           b) Verhältnis zur Natur und gesellschaftliche Ordnung   88

    B. Kurzgeschichten   100

        1. "Kaiser and War" von Simon Ortiz   100

        2. "The Man to Send Rain Clouds" von Leslie Silko   109

        3. "Bravura" von Leslie Silko   114

        4. Abschließende Betrachtung der Kurzgeschichten   118

    C. Der Roman "Winter In The Blood" von James Welch   120

        1. Grundstrukturen der Erzählung   120

        2. Die Farbensymbolik   121

        3. Weitere Symbole und Mythen   127

        4. Die Lesersteuerung   132

        5. Die Erzähltechnik   138

        6. Abschließende Betrachtung des Romans   142

    D. Gedichte   145

        1. "The Beaver" von Duke Redbird   146

        2. "New Way, Old Way" von Dave Martin Nez   150

        3. "Missing that Indian Name of Roy or Ray" von Simon Ortiz   152

        4. "An Elegy To The American Way" von "coyote 2"   157

        5. Abschließende Betrachtung der Gedichte   159

Seite

V. Die "Abbitte" der Weißen in der
modernen Literatur   167

   A. Edmund Wilsons "Apologies To The
      Iroquois"   167
   B. Das veränderte politische Bewußtsein
      in den Vereinigten Staaten   171
   C. Zusammenfassung in Thesenform   176

Schlußbetrachtung   178

Literaturverzeichnis   181

Einleitung
===

"I had learned many English words and could recite part of the Ten Commandments. I knew how to sleep on a bed, pray to Jesus, comb my hair, eat with knife and fork, and use a toilet... I had also learned that a person thinks with his head instead of his heart."[1]

Dieses kurze Statement eines Indianers, der im Sherman Institue in Riverside/California ausgebildet wurde, beschreibt das Thema dieser Arbeit: Die Indianer haben die Macht des Wortes entdeckt.

Jahrelang bestand "Indianerliteratur" aus Gedichten, Epen und Romanen weißer Autoren, die den "edlen Wilden" wie den "bestialischen Indianer" kreierten, aber selten die Ureinwohner Nordamerikas so beschrieben, wie sie wirklich waren.

Die Indianer selbst ließen Cooper und Longfellow, Hemingway und La Farge über sich ergehen - und schwiegen, oder, wenn sie das Wort ergriffen, wie Chief Joseph von den Nez Perćes zu Ende des 19. Jahrhunderts, so sprachen Resignation und Unterwürfigkeit gegenüber den weißen Eindringlingen aus ihren Ausführungen.[2] Man kämpfte gegen die Invasoren mit Waffen, nicht aber mit Worten.

Doch die Indianer waren keineswegs jene kulturlosen Barbaren, für die sie die Weißen zunächst gehalten hatten. Im Gegenteil, es gab eine hochentwickelte Dichtung, zumeist mündlich überliefert. Die Indianer waren sich durchaus auch der Macht bewußt, doch allein Kommunikationsschwierigkeiten haben sie schon daran gehindert, diese "Waffe" gegen die Einwanderer zu benutzen.

---

[1] Don C. Talayesva, Sun Chief: The Autobiography of a Hopi Indian, (New Haven 1942) zitiert bei: Thomas E. Sanders, Walter W. Peek, Literature of the American Indian, (New York 1973) p. 447.

[2] vgl. Chief Joseph, "An Indian's Views of Indian Affairs" in: North American Review (128, 1879)

Nach dem endgültigen "Sieg" der weißen Eroberer, der
"Eingliederung" der Indianer in die Reservate, wurde
ihre Kultur von den vielen neuen Einflüssen von außen
förmlich erdrückt. Erst nach einer Phase der Konsolidie-
rung, begannen sich erneut Stimmen unter den Indianern
gegen Ende der zwanziger und zu Beginn der dreiziger
Jahre dieses Jahrhunderts zu regen. Noch zaghaft zunächst
besannen sich einige Medizinmänner und Häuptlinge wie
Black Elk, auf die vergangenen Traditionen. Zum Teil mit
Hilfe weißer Autoren, die ihre Worte zu Papier brachten,
machten sie eine "Bestandsaufnahme" ihrer damaligen
Situation. Indianische Bräuche, Zeremonien und Riten
sowie ihre Gedanken über das Leben überhaupt, wurden mit
diesen Selbstdarstellungen erstmals einer breiten Öffentlichkeit zugänglich gemacht. Die Indianer entdeckten ihre
Identität aus der Eigenheit ihrer Gruppe heraus neu.

Zwei Jahrzehnte später, nachdem das weiße amerikanische
Gesellschaftssystem von den ersten ernsthaften Krisen
erschüttert worden war, und einige Weiße selbst an der
Idee des "Melting Pot" zu zweifeln begannen, wurde die
Selbstdarstellung der Indianer zur Kritik an dem Staat,
mit dem sich viele von ihnen noch nicht identifizieren
wollen und können:

> "...after hundreds of years of being written about
> the Indian writes back. It is an echo twisted in the
> canyon of time and circumstance into a refutation of
> much that has gone before, flinging back into white
> faces the challenge that has been there all along."[3]

Diese Feststellung von einem der wenigen weißen Literaturwissenschaftler, die sich mit der indianischen Literaturszene
beschäftigen, könnte ebenso gut von einem Ureinwohner selbst
stammen.

---

[3] The Portable North American Indian Reader, ed. Frederic
W. Turner III (New York 1973) p. 3.

Das Echo der Indianer auf das, was weiße Autoren in der Vergangenheit über sie geschrieben haben, ist ein Aspekt dieser Arbeit. In chronologischer Abfolge zeigt sie auf, wie die Ureinwohner von der Selbstdarstellung zu einem neuen Selbstverständnis gefunden haben und heute durch eine Verknüpfung eigener traditioneller Stilmittel und Gedanken mit den Elementen moderner weißer Erzähltechnik eine individuelle Form eigenständiger Rhetorik in Gedichten, Kurzgeschichten und Romanen präsentieren, die in einer kritischen Auseinandersetzung mit dem weißen Gesellschaftsystem gipfelt.

Die politische Alternative für die Indianer ist entweder ein Zurück zu den alten Traditionen, was in der Praxis nur einen Rückzug in das Reservat bedeuten kann, oder Integration und Einflußnahme in Bezug auf die amerikanische Gesellschaft. Diese Konfliktsituation ist auch zentrales Thema in der modernen indianischen Literatur, die zugleich aber auch ein Echo bei den Weißen auf das Verhältnis zu den Ureinwohnern ausgelöst hat. Die daher notwendige Beeinflussung einer differenzierten Leserschaft durch die Indianer-Autoren - einerseits weiße, andererseits indianische Leser - ist der zweite Aspekt dieser Arbeit.

I. Die Darstellung der Indianer in der Literatur weißer Autoren des 18. bis 20. Jahrhunderts

A. Der "edle Wilde" in der Vorstellung der Romantik

Bei der Betrachtung moderner Indianerliteratur empfehlen sich Vorkenntnisse über die historische Entwicklung in den Vereinigten Staaten seit Columbus sowie über das Image des "Roten Mannes" in der Literatur weißer Autoren, da die Werke der indianischen Schriftsteller als eine Form der Erwiderung auf die weißen Publikationen der vergangenen Jahrhunderte betrachtet werden können. Einem besseren Verständnis dient daher der folgende knappe Überblick über die Geschichte der Indianer in postcolumbianischer Zeit sowie über ihr Auftreten in der amerikanischen Literatur, der Kolonial- und Besiedlungszeit.

Schon die Bezeichnung "Indianer" ist ein Irrtum in doppelter Hinsicht: zum einen ein geographischer, denn Christoph Columbus wähnte sich 1492 in Indien und nannte die Bewohner des von ihm entdeckten Landes folglich "los Indios"[4], zum anderen ein ethnologischer, da die Bezeichnung Indianer für die Vielzahl verschiedener Stämme von Alaska bis Feuerland mindestens ebenso ungenau wie der Begriff "Europäer" für die unterschiedlichen Rassen auf unserem Kontinent ist.[5]

Deshalb haben die "Ureinwohner" Amerikas den Namen "Indianer" bis heute nicht akzeptiert. Sie sind Sioux, Navajos, Hopis, Apachen und Irokesen oder, im Zeichen des jetzt beginnenden neuen Selbstverständnisses "Native Americans". Diesem Terminus entspricht im Deutschen "Ureinwohner Amerikas" noch am ehesten.

---

[4] Alvin M. Josephy, Jr., The Indian Heritage of America, (New York, 1968) p. 4.

[5] Liselotte Ungers, Die Rückkehr des Roten Mannes, (Köln, 1974) p. 7.

Indessen zeugt es vom Selbstbewußtsein der Indianer, sich als "Natives" zu bezeichnen, streitet doch die Mehrzahl der Anthropologen, Archäologen und Historiker ab, daß die Indianer die Ureinwohner Amerikas sind. Stattdessen, so lautet die gängigste These, seien die Indianer von Asien aus über eine vor Jahrtausenden vorhandene Landbrücke nach Alaska gekommen.

> "It is generally believed that the first men to discover America came from Siberia. Geology tells us that four times during the Pleistocene period, or Ice Age, glacial ice reduced the sea level, forming a land bridge across Bering Strait".[6]

Andere Theorien zum Beispiel, die Indianer seien mit Booten von Europa oder Afrika nach Amerika gekommen, sie seien die Überlebenden der sagenumwobenen Insel Atlantis oder gar der zehnte der verlorenen Stämme Israels[7], werden heute eigentlich nur noch belächelt, wenngleich sie weiter existieren.

Uneinigkeit besteht unter vielen weißen Ethnologen allerdings noch in der Frage der Datierung der Indianer-Immigration aus Asien. Die Indianer sehen in den jüngsten archäologischen Funden, die bis ungefähr 27000 vor Christus zurückreichen und nachweisen sollen, daß um diese Zeit schon eine menschliche Kultur in Amerika bestanden hat, ein Argument gegen die Einwanderungsthese. Auch hier klingt das neue Selbstbewußtsein an:

> " Early copper work has long distinguished the Egyptians and the people of the Sinai Desert, but radiocarbon test have pushed back the relatively arbitrary 600 - 700 A.D. date of the Wisconsin Old Copper Culture to about 5000 B.C., a date indicating the Native American of the time was a "civilized" as his old world couterparts. Nor was he as slow to develop his agricultural talents as the old world apologists held for many years in the absence of scientific proof." [8]

---

[6] Clark Wissler, The Indians of the United States, (New York, 1966) p. 22.

[7] ibid. P. 22 und Thomas E. Sanders/Walter W. Peek, Literature of the American Indian (New York, 1973) p.2

[8] Thomas E. Sanders/Walter W. Peek, Literature of the American Indian (New York, 1973) p. 4.

Nicht ohne Stolz weisen Peek and Sanders auf die blühende
Kultur der einzelnen Indianerstämme hin, die sich bis zur
Ankunft der Weißen entwickelt hatte. So gab es in den
südwestlichen Gebieten bereits im Mittelalter komplizierte
Bewässerungssysteme, die Teile der Wüsten in fruchtbare
Gärten verwandelten, und die Pueblo-Indianer bauten schon
um 1300 nach Christus drei- und vierstöckige Wohnhäuser.[9]
Alle diese Fakten werden - genauso wie die Tatsache, daß
einzelne Indianerstämme wie die der Irokesen-Nation schon
während der frühen Neuzeit, als in Europa der Feudalismus
die Regel war, ein hochentwickeltes demokratisches Gesellschaftssystem hatten - von den weißen Autoren des 18. und
19. Jahrhunderts zu gerne übersehen.

> "So tractable, so peaceable, are these people." Columbus
> wrote to the King and Queen of Spain, "that I swear to
> your Majesties there is not in the world a better nation.
> They love their neighbors as themselves, and their
> discourse is ever sweet and gentle, and accompanied with
> a smile; and though it is true they are naked, yet their
> manners are decorous and praiseworthy."
> All this, of course, was taken as a sign of weakness,
> if not heathenism, and Columbus being a righteous
> European was convinced the people should be "made to
> work, sow and do all that is necessary and to adopt
> our ways." [10]

Diese Einstellung, mehr oder minder von allen europäischen
Kolonialisten vertreten, war entscheidend dafür, daß das
harmonische Zusammenleben zwischen Siedlern und Indianern,
zu Beginn des 17. Jahrhunderts an der Ostküste schnell ein
Ende fand. Hatten die Ureinwohner die Neuankömmlinge zunächst noch gelehrt, Mais, Squash und Tabak anzubauen und
die ersten Jahre in der Wildnis zu überstehen, so begann
schon 1622 die erste militärische Auseinandersetzung zwischen
Engländern und Indianern in Virginia.[11] In der

---

[9] ibid. p. 7, f.

[10] Dee Brown, <u>Bury My Heart At Wounded Knee</u>
(New York, 1970) p. 1, f.

[11] Liselotte Ungers, <u>Die Rückkehr des Roten Mannes</u>, p. 9/10

Folgezeit sollte dieser "Kleinkrieg" noch Jahrhunderte bis zum letzten Apachenaufstand 1890 dauern. Insgesamt verzeichneten die Chronisten 37 "offizielle" amerikanisch-indianische Kriege und 367 Vertragsabschlüsse zwischen Weißen und Ureinwohnern, wobei die Mehrzahl der Verträge von der US-Regierung nicht eingehalten wurden.[12] Ein Ergebnis der langwierigen Auseinandersetzungen war die Dezimierung der Indianer von rund einer Million zur "Entdeckungszeit" Amerikas bis auf etwa 200.000 um 1900. Dazwischen liegt blutige Geschichte, die die Annalen des Landes, das sich gern als das demokratischste der Welt bezeichnet, nicht gerade mit Ruhm ziert. Ganze Indianerstämme wurden systematisch ausgerottet, andere in Reservate vertrieben, wo sie unter oft unzumutbaren Umweltbedingungen existieren mußten. Ein Beispiel dafür sind die Cherokesen, die 1838 unter Aufsicht von amerikanischen Soldaten bei furchtbarer Kälte in Richtung Westen in die Berge getrieben wurden. Von den 18.000 Menschen starben rund 4.000 unterwegs an den Strapazen. Deshalb wird dieses historische Ereignis von den Nachfahren noch heute der "Trail of Tears" genannt.[13]

Es soll in diesem Zusammenhang nicht verschwiegen werden, daß auch Indianer Weißen gegenüber Greueltaten verübten, doch waren diese in der Regel eine Folge der Eskalation des Krieges der beiden Parteien gegeneinander.

Auslösender Faktor der historischen Ereignisse war das ständige Vordringen des Weißen Mannes gen Westen, das die Ureinwohner in ihrem Lebensraum wie in ihrer Lebensweise immer stärker bedrängte und einengte. Der Drang nach Westen wurde für die Siedler zu einem Mythos.

---

[12] ibid. p. 9.
[13] ibid. p. 35 und D. Brown, <u>Bury My Heart At Wounded Knee</u>, p. 7, f.

"... before a single White man had set foot on
American soil, the whole continent had been dreamed
by Europe as 'the West': a legendary place beyond
or under the ocean wave, a land of the dead or those
who rise f m dead. And it needed only the invention of
the name America to set up the equation America equals
the West."14)

Daß der Westen bis heute für die Amerikaner mythosbehaftet ist, bleibt unbestritten. Doch Fiedlers These, daß in Europa immer schon das Wunschbild eines Westens vorhanden war, läßt sich allein schon mit der historischen Tatsache widerlegen, daß Columbus schließlich einen Weg nach Indien suchte und nur durch Zufall in Amerika landete. Somit ist wohl weniger die Himmelsrichtung an sich entscheidend, als vielmehr die Imagination, die sich damit verbindet.

"It is hard for a loyal Englishman to understand why
Americans face the West instead of the East, their
acknowledged homeland, but it has been that way from
the first. Opportunity and freedom lay in that
direction."15)

Sind es wirklich "Glück", "Freiheit" und "Abenteuer", die zum Mythos vom Westen geworden sind und diesen verkörpern? Auch Fiedler gibt hierauf keine klare Antwort. Fest steht jedoch, daß "der Westen" heute noch latente Wünsche und Sehnsüchte im sogenannten "WASP-Amerikaner"16) wachruft, aber niemand genau sagen kann, warum es ihn nach dem Westen zieht.

In der Literatur Amerikas wurden diese Wünsche und Sehnsüchte von Beginn an aufgegriffen, thematisiert und bis heute wachgehalten: der "Western" entstand. Fiedler unterscheidet ihn vom "Northern", "Eastern" und "Southern"

---

14) Leslie A. Fiedler, The Return of the Vanishing American (London, 1972) p. 24.

15) C. Wissler, Indians of the United States, p. 15.

16) WASP = White Anglo-Saxon Protestant.

die alle drei zeitlich neben dem "Western" entstanden,[17] folgendermaßen:

> "The heart of the Western is not the confrontation with the alien landscape (by itself this produces the Northern), but the encounter with the Indian, that utter stranger for whom our New World is an Old Home... No grandchild of Noah, he escapes completely the mythologies we brought with us from Europe, demands new one of his own".[18]

Hierin liegt wohl der entscheidende Grund, warum der Indianer von Anfang an von den weißen Autoren nicht richtig dargestellt wurde. Es begann mit der Pocahontas-Legende, die vermutlich um 1607, also noch vor Shakespeares Tempest, entstand und die Rettung des ersten Siedlerführers, Captain Smith von Jamestown, durch die "Indianerprinzessin" Pocahontas schildert. Die endgültige Fassung der auf Tatsachen beruhenden Legende entstand allerdings erst 1624.[19]

Das Motiv der Erzählung, die Entführung eines Mannes und seine Rettung durch eine Frau wurde später in dieser - häufiger in umgekehrter - Form noch oft als typisch europäisches Motiv von anderen weißen Autoren aufgegriffen.[20] Interessanterweise handelt es sich bei Captain Smith in der Pocahontas-Legende um die erste Entführung in der Literatur, soweit nachprüfbar.

Indessen soll aber an dieser Stelle das Augenmerk weniger auf das Motiv als vielmehr auf die Darstellung der Indianer gerichtet werden. Pocahontas wird zweifellos als ein

---

[17] vgl. L. Fiedler, The Return of the Vanishing American p. 14 - 19.

[18] ibid. p. 19

[19] ibid. p. 49/50 und Albert Keiser, The Indian in American Literature (New York, 1933) p. 1 - 5

[20] So war "die Entführung" ein beliebtes Motiv englischer Romane des 18. Jahrhunderts zum Beispiel von Fielding und Richardson.

"edles Geschöpf" dargestellt, das auf Seiten der geistig
überlegenen Weißen steht. Sie hilft Captain Smith und
seinen Leuten, doch was tun die Weißen für ihren Stamm?
Pocahontas wird an den Hof des englischen Königs gebracht,
wo sie sich der "weißen" Kultur unterwerfen muß.[21]

Mit der Pocahontas-Legende war der erste "Western" geboren,
wenngleich die Erzählung noch nicht im Westen spielt. Allein
von daher zeigen sich bereits Zweifel an den Thesen Fiedlers,
neben dem "Western" einen "Northern", "Eastern" und
"Southern" zu kreieren. Nicht eine geographische Richtung
in Amerika ist "mythologisch"[22], sondern die Vorstellung,
die sich damit verbindet. Somit kann, wie Fiedler selbst
bemerkt, ein authentischer "Western" genauso in Virginia
wie in California spielen. Das Motiv der Handlung ist allein
entscheidend. Es ist beim "Western" eindeutig - im Gegensatz
zum "Northern", "Eastern" und "Southern" - definiert:

> "The Western story in archetypal form is, then a fiction
> dealing with the confrontation in the wilderness of a
> transplanted WASP and a radically alien other, an In-
> dian - leading either to a metamorphosis of the WASP
> into something neither White nor Red (sometimes by
> adoption, sometimes by sheer emulation, but never by
> actual miscegenation), or else to the annihilation
> of the Indian (sometimes by castration-conversion or
> penning off into a ghetto, sometimes by sheer murder)."[23]

Bezeichnend ist die Berührung der weißen Eindringlinge
mit den Ureinwohnern, die sich in den anderen Arten der
amerikanischen Literatur nicht findet.

> "In vielen Geschichtsbüchern, die die 'Eroberung' Nord-
> amerikas beschreiben, wird die Tatsache, daß der neu
> entdeckte Kontinent bereits bevölkert war, oft völlig

---

[21] A. Keiser, The Indian in American Literature, p. 1 - 5.

[22] L. Fiedler, The Return of the Vanishing American, p. 14.

[23] ibid., p. 22.

vernachlässigt oder bestenfalls am Rande erwähnt. Die Existenz der Indianer wird abgehandelt wie eine Art Naturereignis oder -hindernis, wie Berge, Flüsse, Büffelherden oder Grizzly-Bären, die die Pioniere auf ihrem Weg nach Westen zu überwinden hatten." [24]

Bezeichnend für die Einstellung der Weißen war ihre totale Ignoranz gegenüber den Sitten und Gebräuchen der Indianer, und ihr missionarisches Streben, die Ureinwohner den europäischen Sitten und Gebräuchen zu unterwerfen.[25] Dies spiegelt sich auch in der Literatur wieder: Indianerhäuptlinge wurden als "König", oder, wie Pocahontas, als "Prinzessin" angeredet und waren - getreu der Sichtweise des Westerns - nur so lange "edel", wie sie von potentiellem Nutzen waren.[26]

Entsprechend den historischen Realitäten - und gerade der Western ist wie kaum eine andere Literaturgattung ein Spiegelbild der Geschichte - wurde der Indianer in den ersten Werken weißer amerikanischer Autoren als "edles Geschöpf" hingestellt, dessen gesellschaftliche Freizügigkeit die Europäer zunächst stark beeindruckte. Vor allem die Dichter und Denker Frankreichs, darunter Rousseau, waren von der demokratischen Ordnung in den einzelnen Stämmen, über die Forscher, Siedler und Missionare berichteten, besonders angetan und glaubten, in den Ureinwohnern Amerikas "den Menschen in seinem unverdorbenen Zustand gefunden zu haben."[27] Elémire Zolla nennt diesen Abschnitt der Literaturgeschichte treffend "America, Projection of Renaissance England".[28]

---

[24] L. Ungers, Die Rückkehr des Roten Mannes, p. 24.

[25] A. Josephy, The Indian Heritage of America, p. 5.

[26] North American Indian Reader, ed. F.W. Turner III, p. 485.

[27] L. Ungers, Die Rückkehr des Roten Mannes, p. 94.

[28] Elémire Zolla, The Writer and the Shaman, A Morphology of the American Indian (New York, 1969) p. 5,f.

Ein Gedicht Philip Freneaus, des "Father of American Poetry", gibt diesen Eindruck der Indianer auf die Weißen wieder:

> "Full many of feat of them I could rehearse,
> And actions worthy of immortal verse:
> Deeds ever glorious to the INDIAN name
> And fit to rival GREEK or ROMAN fame". [29)]

Freneau war unter den weißen Autoren der Pionier im Gebrauch indianischen Materials für seine Gedichte. "Like Rousseau and other writers of the 18th Century, Freneau was fascinated by the thought of innocence and bliss of man's natural state". [30)] Das wird zum Beispiel im folgenden Gedicht deutlich:

The Indian Convert

An Indian, who lived at Muskingum, remote
Was teazed by a parson to join his dear flock,
To throw off his blanket and put on a coat,
And of grace and religion to lay in a stock

The Indian long slighted an offer so flair,
Prefering to preaching his fishing and fowling;
A sermon to him was a heart of care,
And singing but little superior to howling.

At last by persuasion and constant harassing
Our Indian was brought to consent to be good;
He saw that the malice of Satan was pressing,
And the means to repel him not yet understood.

Of heaven, one day, when the parson was speaking
And painting the beautiful things to the place,
The convert, who something substantial was seeking,
Rose up, and confessed he had doubts in the case.

Said he, Master Minister, this place that you talk of,
Of things for the stomach, pray what has it got;
Has it liquors in plenty? - If so I'll soon walk off
And put myself down in the heavenly spot.

You fool (said the preacher) no liquors are there!
The place I'm describing is most like our meeting,
Good people, all singing, with preaching and prayer;
They live upon these without eating or drinking.

---

29) Philip Freneau, "The American Village" zitiert bei A. Keiser, The Indian in American Literature, p. 21.

30) A. Keiser, The Indian in American Literature, p. 22.

> But the doors are all locked against folks that
> are wicked;
> And you, I am fearful, will never get there:-
> A life of Repentance must purchase the ticket,
> And few of you, Indians, can buy it, I fear.
>
> Farewell (said the Indian) I'm none of your mess;
> On victuals, so airy, I faintish should feel,
> I cannot consent to be lodged in a place
> Where's there's nothing to eat and but little to
> steal. [31)]

Dieses Gedicht ist ein typisches Beispiel für die Einstellung der Weißen gegenüber den Indianern gegen Ende des 18. und zu Beginn des 19. Jahrhunderts. Man nahm überhaupt nicht zur Kenntnis, daß die Ureinwohner - noch viel stärker als die Einwanderer - in ihrer eigenen Religion und der sie umgebenden Natur verwurzelt waren. Dieses "Anderssein" der Indianer aber wurde von den Weißen, besonders den dominierenden puritanischen Angelsachsen, in ihrer maßlosen Arroganz einfach nicht akzeptiert. Indessen ist der Grundtenor des Freneau-Gedichtes, die "Bemutterung" der "armen, unzivilisierten Indianer" durch die "höherstehende weiße Rasse" eigentlich bis zum heutigen Tag aktuell geblieben. Es ist verständlich, wenn die Ureinwohner Amerikas heute auf die Frage "Just what do you want?" selbstbewußt antworten: "A leave-us-alone law!"[32)]

[31)] North American Indian Reader, ed. F.W. Turner III, p. 487/488.

[32)] Vine Deloria, Jr., Custer Died for Your Sins, An Indian Manifesto, (New York, 1969) p. 33.

B. Der blutgierige Indianer in der Vorstellung der Kolonisten

Das Image vom "edlen Wilden", das bei Freneau oder auch in Washington Irvings Essays "Traits of Indian Character" und "Philip of Pokanoket" noch mit einem romantischen Enthusiasmus für "primitive Stämme" verknüpft wird und zu einer Glorifizierung der stolzen Unabhängigkeit und des Todesmutes der Indianer führt[33], "erwies sich jedoch bald als unpraktisch für die expandierenden Kolonien, denen die Indianer nach wenigen Jahren im Wege standen".[34]

Bereits um die Wende des 18./19. Jahrhunderts, als der "Rote Mann" von der Fiction entdeckt wurde, wandelte sich seine Darstellung in der Literatur weißer Autoren immer stärker zum "mordenden Wilden", wie er von den Kolonisten gesehen wurde.[35]

> "Dieser Mythos der Indianer als 'Wilde' wanderte mit der Besiedlungswelle weiter nach Westen und war immer dort am intensivsten, wo die aktuelle Auseinandersetzung zwischen Weißen und Indianern stattfand. Um die Mitte des 19. Jahrhunderts erreichte er im Mittelwesten - wo zu der Zeit heftige Kämpfe stattfanden - seinen Höhepunkt, während an der Ostküste, mit der zeitlichen und geographischen Distanz vom 'Subjekt', die Vorurteile bereits korrigiert worden waren...".[36]

So hat auch James Fenimore Cooper, jener Autor Amerikas, dessen Werke am meisten von indianischen Motiven beeinflußt sind, die Ureinwohner in zwei Kategorien unterteilt: Ihm erschienen die Indianer des Westens als schmutzige Absteiger der einst so tapferen Krieger, die Amerika beherrscht hatten, während er die "zivilisierten" Indianer

---

[33] A. Keiser, The Indian in American Literature, p. 52.
[34] L. Ungers, Die Rückkehr des Roten Mannes, p. 94.
[35] A. Keiser, The Indian in American Literature, p. 33-37.
[36] L. Ungers, Die Rückkehr des Roten Mannes, p. 94.

an der Ostküste auf die gleiche Stufe mit den unteren ländlichen Bevölkerungsschichten Europas stellte.[37] Obwohl Cooper - entgegen weitverbreiteten Vorstellungen - wenig direkten Kontakt mit Indianern hatte[38], galt er bislang doch als <u>der</u> Indianerschriftsteller Amerikas. "The candid observer will readily admit that, taken in all, Cooper has given the world a remarkably complete and faithful picture of the character and life of the aborigines of primitive America." [39]

Ohne näher auf Cooper einzugehen, muß man Keiser entgegenhalten, daß Coopers Indianer genauso wenig der Realität entsprechen wie jene bei Freneau, Irving, Longfellow oder Fairchild. Auch Cooper vereinigt, wie Fiedler es ausdrückt, seine Helden Unkas und Chingachgook mit den christlichen Idealen der Weißen zu "unwirklichen Übermenschen" - ähnlich den indianischen Helden Karl Mays. Verständlicherweise akzeptieren die heutigen Indianer Cooper ebensowenig wie andere weiße Schriftsteller[40], wobei allein schon die historischen Unwahrheiten [41] in seinen Werken für jeden Ureinwohner empörend sind.

Das Beispiel Coopers zeigt jedoch, daß der "edle Wilde" auch im 19. Jahrhundert noch nicht tot war, sondern in anderer Form wieder auferstand.[42]

---

[37] A. Keiser, <u>The Indian in American Literature</u>, p. 102.

[38] ibid., p. 101

[39] ibid., p. 101

[40] V. Deloria, <u>Custer Died for Your Sins</u>, p. 23/24.

[41] Herman F.C. Ten Kate, <u>The Indian in Literature</u>: dt. <u>Der Indianer in der Literatur</u> (Washington, 1923), p. 3/4.

[42] E. Zolla, <u>The Writer and the Shaman</u>, p. 86 ff.

C. Das differenzierte Indianer-Bild im 20. Jahrhundert

Eine neue Form des "edlen Wilden" findet sich auch bei den beiden modernen Vertretern weißer Indianerliteratur, Ernest Hemingway und Oliver La Farge, wobei es allerdings Hemingway in seinen Erzählwerken weniger um die Darstellung des Indianertums an sich, als vielmehr um das "Allgemein-Menschliche" - Liebe, Geburt und Tod - geht.[43] Im Gegensatz zu früheren Werken weißer Indianerliteratur, insbesondere Cooper, preßt Hemingway seine indianischen Figuren nicht in ein bestimmtes Schema, sondern setzt die Welt der Indianer als bewußten Kontrast und als Mittel zur Kritik bestimmter Erscheinungen in der weißen Gesellschaft Amerikas ein - so in "Wine of Wyoming".[44]

Eines ist allen Werken Hemingways jedoch gemeinsam: das Indianertum wird, ähnlich wie bei den früheren Autoren, als unverdorbene, "primitive" Kultur dargestellt, wobei der Protagonist Nick in "Ten Indians" allerdings erkennen muß, daß es auch in dieser "primitiven Welt" bereits Dekadenzerscheinungen gibt.[45] Einen "edlen Wilden" gibt es zwar bei Hemingway nicht mehr, wohl aber einen durch seine Naturnähe geprägten "guten Indianer".

Im Gegensatz zu Hemingway, dessen Helden auch in Indianergeschichten Weiße sind, treten bei La Farge indianische Protagonisten auf. In "The Enemy Gods" greift La Farge eine Thematik auf, die zur Zeit gerade unter den Indianerautoren Amerikas wieder aktuell ist: die innere Zerrissenheit des Individuums zwischen der "weißen" und "roten" Welt. Ähnlich wie Scott Momadays "House Made of Dawn" wird auch

---

[43] Franz Schulz, <u>Der nordamerikanische Indianer und seine Welt in den Werken von Ernest Hemingway und Oliver La Farge</u> (München, 1964) p. 44.

[44] ibid., p. 46

[45] ibid., p. 45

in "The Enemy Gods" der Weg eines jungen Indianers von
der weißen Welt zurück in die indianische geschildert,
wobei sich dieser Vorgang bei La Farge sogar zweimal abspielt.

Obwohl sich La Farge in seinen Werken um eine exakte
Darstellung indianischer Existenzformen, Religionen
und Sitten bemüht, muß man jedoch an seinem Verständnis
für die eigentlichen Probleme der heutigen Indianer beim
Lesen der folgenden Zeilen zweifeln:

> "Ich geriet einmal in eine Debatte mit einem Seneca,
> einem Oneida - beide Stahlarbeiter - und einem Tscherokesen aus Nord-Carolina, der als Turnlehrer wirkte.
> Alle drei hatten in Jim Thorpes berühmter Fußballmannschaft der Schule von Carlisle gespielt und sahen danach aus: drei der schönsten Männer und vollkommensten
> körperlichen Erscheinungen, die ich je gesehen habe.
> Worum sich das Gespräch drehte, weiß ich nicht mehr,
> außer, daß es um indianische Angelegenheiten ging und
> sie - die eine noch bessere Hochschulerziehung genossen hatten, perfekt Englisch sprachen und durchaus in
> der Welt der Weißen ihren eigenen Weg finden konnten -
> meine Unzufriedenheit erregten, weil sie scheinbar
> Grundsätze anwenden wollten, die nur für Indianer, die
> keine solchen Vorteile besaßen, angemessen waren.
> ...welch ein gewaltiger Unterschied zwischen diesen
> dreien und beispielsweise einem Sänger der Navahos,
> mit seinem zu einem Schweif aufgesteckten langen Haar
> und seinen Türkisen in den Ohren, der von Englisch
> keine Ahnung hat."[46]

Von daher wird es verständlich, daß Oliver La Farge trotz
der Bemühungen um einen ethnologisch genauen Hintergrund
seiner Werke nicht nur von den Indianern[47], sondern auch
von weißen Literaturkritikern wie Fiedler, der "Laughing Boy"
ironisch ein "weiteres gutes Werk"[48] nennt, kritisiert wird.
Zwar gibt es auch bei La Farge keinen "edlen Wilden" à la
Cooper oder May mehr, doch basieren seine Charaktere eindeutig

---

[46] Oliver La Farge, A Pictorial History of the American Indian: dt. Die große Jagd, (OLten/Freiburg, 1961), p. 243/244.

[47] vgl. V. Deloria, Jr., Custer Died for Your Sins, p. 206.

[48] L. Fiedler, The Return of the Vanishing American, p. 170.

auf jenem Image, das einst von Chingachgook und Winnetou geprägt wurde, sie sind sozusagen die historischen Nachfahren.

Ebenso wie sich das Bild vom "edlen Wilden" bis in die Gegenwart hinein gehalten hat, gibt es auch heute noch das des "blutrünstigen Wilden". Dies gilt weniger für die Literatur, obgleich sich auch dort vor allem in Trivialromanen noch mordgierige Rothäute tummeln, als vielmehr für Filme und Comics. Fernsehserien wie "High Chaparral" und unzählige Western-Filme, die während der vergangenen fünfzig Jahre gedreht wurden, sind der Beweis dafür.

Ein besonders simples Beispiel, wie gegenwärtig der "blutdürstige Wilde" noch heute in den Vereinigten Staaten ist, zeigt der folgende Dialog eines Camp-Counsellors in einem Feriencamp mit der Hauptfigur "Dennis" aus der bekannten Comic-Serie "Dennis the Menace":

Counsellor:	We have RULES around here for handling BBguns!
Dennis:	I been handlin' shootin' since I was a little kid!
Counsellor:	The first rule is, NEVER point a gun at NOBODY!
Dennis:	Nobody?
Counsellor:	NOBODY!
Dennis:	How 'bout the BAD guys?
Counsellor:	There AREN'T any 'bad guys' around here, Dennis.
Dennis:	THERE they are! INJUNS![49]

Die Äußerungen Dennis' sind typisch auch noch für die jetzt heranwachsende "WASP-Generation", die von entsprechenden Fernsehserien, Filmen und Comics "inspiriert" wird. Sie repräsentieren eine Meinung, die sich erst ganz allmählich - wie am Schluß dieser Arbeit gezeigt wird - ändert.

---

[49] *Dennis the Menace Goes to Camp*, Vacation Special, (Greenwich, Conn., 1969).

Schließlich soll auch ein drittes Image des Indianers, das in diesem Jahrhundert nach Beendigung der Indianerkriege entstand, nicht unerwähnt bleiben: das des "ständig betrunkenen, trägen, arbeitsunwilligen Indianers, dem es an Initiative und Willenskraft mangelt, seine Situation selbst zu verbessern und sich erfolgreich im Sinne von amerikanischen 'middle-class-standards' zu behaupten".[50]

So bezeichnet schon Friederici, der sich ansonsten um Objektivität und Verständnis gegenüber den Indianern bemüht, diese in seinem Werk "Indianer und Anglo-Amerikaner" als "äußerst schmutzig".[51] Derartige Darstellungen wurden auch von amerikanischen Autoren in den zwanziger und dreißiger Jahren gerne aufgegriffen. Ein Beispiel ist der 1940 erschienene Kriminalroman "Farwell, My Lovely"[52] von Raymond Chandler in dem ein solcher Typ von schmutzigem Indianer dargestellt wird.

Resümierend läßt sich also über die Indianer-Literatur weißer Autoren feststellen, daß nur ein sehr geringer Teil den ethnologischen, geographischen und historischen Realitäten entspricht. Ten Kate nennt in seinem Bericht von 1921 zehn solcher Werke.[53] Dennoch tat dies den weißen Indianerdarstellungen keinen Abbruch. Im Gegenteil, darf man annehmen, daß die Mystifizierung des indianischen Helden - zum Guten oder Bösen - und die Verkörperung weißer Ideale oder Schwächen in ihm vom weißen Leser, an den allein sich die Indianergeschichten richteten, erwartet wurde.

---

[50] L. Ungers, Die Rückkehr des Roten Mannes, p. 94/95.

[51] Georg Friederici, Indianer und Anglo-Amerikaner, (Braunschweig, 1900) p. 15.

[52] Raymond Chandler, Farewell My Lovely, (Harmondsworth/England, 1975) p. 123,f.

[53] H. Ten Kate, Der Indianer in der Literatur, p. 15.

Besonderes Merkmal aller Werke war die Konfrontation der weißen Welt mit der indianischen. Nachdem nun Ende des vorigen Jahrhunderts die Reste der Ureinwohner Amerikas, die die weiße Expansion überlebt hatten, in den Reservaten verschwanden, war diese Konfrontation zu Ende. Der Begriff vom "Vanishing American" oder "Vanishing Red" entstand. Für die weißen Autoren schien damit das Ende der Indianerliteratur gekommen zu sein - abgesehen von dem historischen Stoff, der noch zur Genüge vorhanden war und den man bei Bedarf auffrischen konnte. So schrieb noch 1933 Keiser:

> "Here as elsewhere powerful forces combine to usher in a new economic, political, and social era for the child of nature, who in his adaptation to his new-found freedom will more and more cease to be an Indian and become an integral part of white civilization. As such he will no longer serve as the subject of seperate literary portrayal, and the picture of the native as reflected in American literature will then at last be finished, except in so far as master artists of the future may here and there retouch the immense canvas."[54]

Aus der Sichtweise seiner Zeit heraus mag Keisers Prognose verständlich erscheinen, bahnte sich doch eine Fortentwicklung der Indianerliteratur erst allmählich an. Keiser hat insofern Recht, als Werke wie die Coopers oder anderer Autoren des 19. Jahrhunderts heute nicht mehr entstehen würden und die Indianer in den Werken weißer Autoren nur noch - wie bei Hemingway - im Hintergrund erscheinen. Die Indianerliteratur der weißen Autoren wurde und wird jedoch abgelöst von den Werken der Ureinwohner Amerikas. Nachdem sie immer Gegenstand literarischer Darstellungen waren, haben die Indianer jetzt selbst zur Feder gegriffen. Diese neue Indianerliteratur ist nicht zuletzt eine

---

[54] A. Keiser, The Indian in American Literature, p. 299.

Antwort auf das, was weiße Autoren jahrelang an Falschem, Übertriebenem und nur gelegentlich Richtigem über die Ureinwohner geschrieben haben. Somit hat die weiße Indianerliteratur nicht unerheblich zum erwachenden Selbstverständnis und zur Selbstdarstellung der Indianer, zur Entwicklung einer eigenen Rhetorik in einer fremden Sprache, beigetragen.

II. Die Selbstdarstellung der Indianer in den mündlichen Überlieferungen

A. Religiöse Mythen

Eine Untersuchung moderner indianischer Literatur ohne Berücksichtigung der mündlichen Überlieferungen - Mythen, Legenden und Sagen, Gesänge und Gedichte - wäre wohl nur unvollständig. Scott Momaday, einer der bekanntesten zeitgenössischen Indianerautoren sieht diese denn auch als Vorläufer der modernen Werke. "For indeed literature is, I believe, the end-product of an evolutionary process, and the so-called 'oral tradition' is primarily a stage within that process, a stage is indispensable and perhaps original as well."[55]

Die meisten weißen Literaturwissenschaftler sahen bisher diese Zusammenhänge nicht so deutlich wie Momaday. Noch heute werden die mündlichen Überlieferungen der Ureinwohner in der Regel unter dem Begriff "Folklore"[56] zusammengefaßt, worin sich doch eine gewisse Ignoranz des literarischen Wertes jener Werke ausdrückt. Vor diesem Hintergrund ist es denn auch nur logisch, wenn sich vor allem Ethnologen mit der "oral tradition" beschäftigen, nicht aber Literaturwissenschaftler. Auch in Deutschland hat die Literaturwissenschaft von der "oral tradition" bisher kaum Kenntnis genommen. Wenn im Zuge der augenblicklichen "Indianer-Renaissance" mündliche Überlieferungen auf Deutsch publiziert werden, so geschieht das ebenfalls in einem folkloristischen Rahmen. Ein Beispiel dafür ist ein Taschenbuch des Heyne-Verlages,[57] in dem "Nordamerikanische

---

[55] N. Scott Momaday, The Man Made of Words in: Literature of the American Indian: Views and Interpretations, ed. Abraham Chapman (New York 1975) p. 105.

[56] vgl. Publications of the Modern Language Association of America.

[57] Märchen aus aller Welt, Nordamerikanische Indianermärchen, (München 1977)

Indianermärchen" im Rahmen von "Märchen aus aller
Welt" vorgestellt werden.

Momaday, der seine berühmt gewordene Erzählung
"The Way to Rainy Mountain"[58] in der Form einer mündlichen Überlieferung gestaltet, betont demgegenüber den
hohen literarischen Stellenwert der "oral tradition".

> "I believe there is a way (first) in which the elements of oral tradition can be shown, dramatically,
> to exist within the framework of a literary continuance,
> a deeper and more vital context of language and
> meaning than that which is generally taken into
> account; and (secondly) in which those elements can
> be located, with some precision on an evolutionary
> scale",[59]

begründet er sein Vorgehen.

Es würde den Rahmen dieser Arbeit sprengen, die
mündlichen Überlieferungen der Indianer detailliert zu
untersuchen. Vielmehr scheint es relevant, die von Momaday
implizierte literarische Kontinuität anhand ausgewählter
Beispiele zu überprüfen - mit der Fragestellung, ob die
"oral tradition" möglicherweise die moderne Indianer-Literatur
beeinflußt hat und wie dies geschehen sein könnte.

Vor einer näheren inhaltlichen Betrachtung der mündlichen
Überlieferungen ist zunächst ein Blick auf die gängige
Schematisierung dieser Literatur interessant. In den zahlreichen Anthologien wird die chronologische Einteilung vorgezogen, so auch bei Levitas und Vivelo,[60] die ihre
Sammlung von Gedichten und Prosa in die Zeiträume

---

[58] N. Scott Momaday, The Way to Rainy Mountain, New York 1970.

[59] N. Scott Momaday, The Man Made of Words, p. 107.

[60] Gloria Levitas, Frank Vivelo, Jacqueline Vivelo: American Indian Prose and Poetry, New York 1974.

"Before The Coming Of The White Man","After The White Man Came" und "The Present" unterteilen. Diese drei Kapitel sind weiter nach geographischen Kriterien gegliedert.

Hilfreicher für eine literaturwissenschaftliche Untersuchung ist dagegen die von Peek und Sanders[61] vorgenommene Unterteilung nach Gattungen, aus der bereits ansatzweise auf die inhaltliche Gestaltung der mündlichen Überlieferungen geschlossen werden kann:

"Pre-Columbian Religions: From Wa'kon-tah, the Great Mystery...",
"The Trickster, Heroes, and the Folk",
"The Soul of the Indian: Pre-Columbian Poetry",
"The Liberated and the League: The Law of the Great Peace and the American Epic",
"The Golden Word Unheard: Oratory",
"The Golgotha and Back: Native American Religions After the Christian Invasion",

Unter der ersten Überschrift listen Peek und Sanders vor allem jene Mythen auf, die sich die einzelnen Indianer-Stämme über die Entstehung der Welt erzählten. Sie sind vergleichbar mit der christlichen Genesis, doch verweisen Peek und Sanders auf die gravierenden Unterschiede zwischen den theologischen Ansätzen.

> "That <u>civilized</u> man can never know the spiritual peace <u>that comes</u> from the unquestioning acceptance of the belief: 'That which the children of the Earth do not comprehend as they travel the roads of the Earth and which becomes clear to them only when they have passed on to the great mysteries in Wah'kon-tah.'
> This statement, ... is at the heart of most Native American religions. It is a belief that cannot be equated with the Judeo-Christian acceptance inherent in 'Thy will be done on Earth as it is in Heaven',

---

[61] Thomas E. Sanders, Walter W. Peek: <u>Literature of the American Indian</u>, contents.

> for that acceptance presupposes an imposition of
> a divine will embodied in an infinite intelligence
> beyond man's comprehension, therefore conceivable
> only as finite."[62]

Die theologischen Unterschiede zwischen indianischer und weißer Literatur werden noch an anderer Stelle erörtert [63], doch sei zu der Darstellung Peeks und Sanders soviel vorweg bemerkt: ähnlich wie andere indianische Autoren berufen auch sie sich auf das real-praktizierte Christentum, das sich in sehr starkem Maße von den christlichen Idealen unterscheidet. Auch wenn die Kluft zwischen pragmatischem Handeln und religiöser Idealvorstellung bei den Indianern weniger groß als bei den Christen sein mag, so widerspricht Peeks und Sanders idealisierter theologischer Ansatz jeglicher Lebenserfahrung. Ein Vergleich beider Religionen ist eben nur auf gleicher philosophischer Ebene möglich. Und dabei stellt sich heraus, daß die Idealvorstellungen der Indianer sich gar nicht so sehr von denen des Christentums unterscheiden.

Zutreffend ist Peeks und Sanders Behauptung, daß die indianischen Schöpfungsgeschichten für den weißen Leser nur schwer zugänglich sind. Ohne gewisse Vorkenntnisse indianischer Theologie müssen die meisten Mythen für uns unverständlich bleiben. Hierin liegt wohl auch der Grund, daß diese Erzählungen in der weißen amerikanischen Leserschaft nicht auf große Resonanz stießen (sieht man einmal von den von Berufs wegen interessierten Anthropologen ab): die mündlichen Überlieferungen wurden Indianern von Indianern erzählt, die Leserschaft, oder besser gesagt Zuhörerschaft, war eindeutig begrenzt.

---

[62] ibid., p. 15.

[63] vgl. Kap. IV a "Religion und Mythos in der Indianerliteratur".

B. Der Trickster

Das gilt für die sogenannten Trickster, die zwar die Aufmerksamkeit der Anthropologen und Sprachforscher auf sich zogen, einem breiten Publikum aber fremd blieben. Bei ähnlichen Literaturformen in Europa und Asien, die der Anthropologe Paul Radin mit dem Trickster verglich, kann man allerdings einen weiten Bekanntheitsgrad auch unter dem Durchschnittsleser voraussetzen, denn Züge des Tricksters finden sich sogar noch beim Kasperle-Theater oder in den Auftritten von Clowns.[64]

Radin charakterisiert den Trickster der nordamerikanischen Indianer als "at one and the same time creator and destroyer, giver and negator, he who dupes others and who is always duped himself."[65] Diese spezifische Definition ist für den Trickster genauso charakteristisch wie die Tatsache, daß in vergleichbaren Literaturformen der Weißen, etwa dem Märchen (im Gegensatz zum Trickster) in der Regel mit moralischen Werturteilen gearbeitet wird. Dagegen gibt es im Trickster "neither good nor evil, yet he is responsible for both. He possesses no values, moral or social..."[66] Radin begründet, warum diese spezifisch-indianische Art von Literatur praktisch nur unter den Ureinwohnern selbst weite Verbreitung fand: "... we cannot properly and fully understand the nature of these problems or the manner in which they have been formulated in the various Trickster myths unless we study these myths in their specific cultural environments and in their historical settings."[67]

---

64) Paul Radin, The Trickster: A Study in American Indian Mythology in: Literature Of The American Indians, (New York, 1975) p. 254.

65) ibid., p. 254.

66) ibid., p. 254.

67) ibid., p. 255.

C. Vor-kolumbianische Gedichte und Epen

Ähnliches gilt auch für die mündlich überlieferten Gedichte der vor-kolumbianischen Zeit, die unter den Weißen ebenfalls keine große Verbreitung fanden. Allein das Übersetzungsproblem - die Schwierigkeit, diese Gedichte in Englisch so wiederzugeben, wie es dem Original hinsichtlich Metrik und Phonetik entspricht - wiegt bei der Poetik noch schwerer als bei Prosa. Somit bleiben uns viele der Gedichte auch nach der Übersetzung unzugänglich, "for the language is, naturally unfamiliar and, consequently, alien sounding - and the response to the alien is usually unpleasant. Because it is different in grammar, vocabulary, and syntax, the alien language seems cacaphonous, harsh, nasal. Because the accent pattern is more akin to that of oriental languages than to occidental ones, a sense of monotony results in the ears of hearers accustomed to accentual and cadencial verse."[68]

Doch nicht allein sprachliche Schwierigkeiten sind für das Verständnis bei den indianischen Gedichten entscheidend. Ebenso wie bei den Prosa-Überlieferungen aus vor-kolumbianischer Zeit ist auch hier der Inhalt für den weißen Leser nur schwer zugänglich. Wesentliche Themen sind vor allem die Natur im weitesten Sinne und die damit verbundenen Glaubensvorstellungen der einzelnen Stämme. Dazu ein Beispiel, das sowohl die angesprochenen sprachlichen wie die inhaltlichen Verständnisschwierigkeiten aufzeigt. Auch ohne indianische Sprachkenntnisse wird anhand des "Chant to the Fire-Fly" bei einem Vergleich des Originaltextes mit der wörtlichen Übersetzung die Problematik der korrekten, atmosphärisch-einfühlsamen Wiedergabe, deutlich:

---

[68] Thomas E. Sanders/Walter W. Peek, Literature of the American Indian, p. 104.

"Chant to the Fire-Fly (Chippewa Original)

Wau wau tay see!
Wau wau tay see!
E mow e shin
Tahe bwau ne baun-e wee'
Be eghaun - be eghaun - ewee!
Wau wau tay see!
Wau wau tay see!
Was sa koon ain je gun.
Was sa konn ain je gun.

Literal translation:

Flitting-white fire-insect!
Waving-white-fire bug!
Give me light before I go to bed!
Give me light before I go to sleep.
Come, little dancing white-fire-bug!
Come, little flitting white-fire-beast!
Light me with your bright white-flame-instrument -
Your little candle."[69]

Die häufig in Anthologien publizierte englische Fassung dieses Gedichtes gibt indessen von der atmosphärischen Schilderung des Originals nur wenig wieder:

"Fire-fly Song"

Flitting, darting white-fire!
Air-borne, roving white-fire!
Shine your light about my lodging,
Light the way to where I sleep!
Tireless, darting white-fire!
Restless, roving white-fire!
Guide me with your gleaming.
Guide me with your torch."[70]

Dieses Beispiel zeigt, daß in der Regel sowohl eine präzise sprachliche wie inhaltliche Übersetzung kaum möglich ist. Noch wichtiger als die Problematik der korrekten sprachlichen Wiedergabe erscheinen die mit dem Thema dieser Arbeit verbundenen, inhaltlichen Fragen. Während der weiße Leser mit der umgeschriebenen englischen Gedichtsfassung vielleicht noch etwas anfangen kann, bleiben bei der wörtlichen Übersetzung, ohne genaue Kenntnisse der

---

[69] Thomas E. Sanders/Walter W. Peek, <u>Literature of the American Indian</u>, p. 105.

[70] ibid., p. 107.

indianischen Philosophie, die Aussagen des Gedichtes weitgehend verborgen. Dies gilt jedoch ebenso für die zweite "bearbeitete" Fassung. Allenfalls durch die der weißen Literatur angeglichene Metrik wird das Gedicht für den weißen Leser attraktiver. Die einfache, klare Sprache - auch ein Teil des natürlichen Empfindens der Ureinwohner, kommt nicht zum Ausdruck. Die indianischen Gedichte der kolumbianischen Epoche wurden eben für die Ureinwohner selbst verfaßt, hier teilten Einzelne ihre Botschaft mit, die allenfalls für den intimen Kreis des betreffenden Stammes gedacht war.

Im Abschnitt "The Liberated and the League" listen Peek und Sanders lediglich ein - allerdings in dieser Form einmaliges - Werk der früh-indianischen Literatur auf: Das Epos von Deganawîdah und das Gesetz vom Großen Frieden des Langhaus-Volkes. Diese Darstellung kann als Beispiel für den Ausdruck des Selbstverständnisses eines Volkes mit den griechischen Epen oder dem finnischen Kalevala-Epos verglichen werden. Hinsichtlich der Frage, welche Leserkreise angesprochen werden, läßt sich noch deutlicher als bei den vorher betrachteten Gattungen feststellen, daß das Deganawîdah-Epos wie das Gesetz vom Großen Frieden ausschließlich die Indianer ansprechen sollte und in dieser Hinsicht auch die intendierte Wirkung gehabt hat. Unter den Weißen gab es lediglich einige Ethnologen, die in dem Epos wie in den anderen Formen der "oral tradition" - eine hervorragende Primär-Quelle für ihre Studien über die Ureinwohner entdeckten.

D. Die "Oratories"

Größeres Interesse auch bei der Literatur- und Sprachwissenschaft fanden dagegen die sogenannten "Oratories" - Ansprachen und Berichte über bestimmte erfolgreiche Taten einzelner Personen oder Völker, in denen Stärke, Weisheit und Naturverbundenheit dargestellt wurden. Sie ähneln thematisch damit den Epen.
"The oratorical arts of the Indian so impressed the European-American that he used the speeches as compositional models in the schools that trained his children even as he disregarded the organization. Logic, and presentation he so admired",[71] schreiben Peek und Sanders. Und dies klingt glaubwürdig, obwohl sie keinen Beweis ihrer These erbringen.

Ähnlich wie bei den Gedichten ist das Übersetzungsproblem bei den "Oratories". Dazu Clyde Kluckhorn und Dorothea Leighton in ihrem Werk "The Navaho": "To turn a sentence from English into Navaho or from Navaho into English involves a great deal more than choosing the proper word for word equivalents from a dictionary. Bewildered by the lack of structural correspondences between the two tongues, most interpreters succumb to one or both of two temptations: either they leave out a great deal in passing from Navaho to English (or vice versa); or they translate all too freely..."[72]

Den Weißen fielen die "Oratories" - eine genaue Definition dieses Begriffes ist in der Literaturwissenschaft umstritten (auch Peek und Sanders verzichten darauf) -

---

[71] Th. Sanders/W. Peek, Literature of the American Indian, p. 241, f.

[72] Clyde Kluckhorn/Dorothea Leighton, The Navaho, (Cambridge, Mass. 1946), p. 210 f.

zunächst auf, als sie mit den Indianern in Berührung kamen. Die hier vorgetragene Rhetorik wurde jedoch bald zum Klischee, wie man es später in zahlreichen Indianer-Geschichten weißer Autoren oder Filmen wiederfand: der regungslose Häuptling, der vor einer grandiosen Landschaftskulisse mit scheinbar teilnahmslosem Gesicht markige Worte spricht. Die für die indianische Rhetorik kennzeichnende Bildersprache wurde zwar von den Weißen als bedeutsam empfunden, doch der Bilderreichtum der Sprache blieb für sie fremdartig.

Diese Wertschätzung änderte sich erst in jüngster Zeit, nachdem genauere Kenntnisse über die Lebensart und Denkweise der Ureinwohner vorhanden waren. Daß diese Kenntnisse den Weißen vermittelt wurden, ist vor allem das Verdienst der Indianer, die erst in unserem Jahrhundert bereit waren, über sich selbst zu sprechen. Erste Form derartiger Darstellungen war die Autobiographie, der daher zur Erkundung des indianischen Selbstverständnisses ein großer Stellenwert zukommt.

III. Die Rhetorik in der modernen indianischen
    Literatur

A. Methodische Ansätze

Eine Untersuchung der Wirkung literarischer Werke auf
den Leser ist noch relativ neu. Erst seit einigen Jahren gibt es literaturtheoretische Ansätze, die die
Vermittlungsfunktion der Literatur in den Mittelpunkt
rücken, während zuvor lange immer nur die abstrakt
beschreibbaren Strukturen eines Erzählwerkes beachtet
wurden - wie bei Lämmert, Kayser und Stanzel.[73]
Das Problem der epischen Vermittlung rückt dagegen
bei Wayne C. Booth in den Mittelpunkt der Betrachtung:

> "My subject is the technique of non-didactic fiction,
> viewed as the art of communicating with the readers -
> the rhetorical resources available to the writer of
> epic, novel, or short story as he tries, consciously
> or unconsciously, to impose his fictional world upon
> the reader." [74]

---

[73] So geht Lämmert bei der Analyse des "sukzessiven Aufbaus des Erzählwerkes" von den "Konturen des Gesamtvorgangs" aus, befaßt sich dann mit der "Gliederung und Verknüpfung mehrsträngiger Erzählungen" und betrachtet schließlich die "Formen des Erzählablaufs". (Eberhard Lämmert, Bauformen des Erzählens, Stuttgart 1967)
Auch Wolfgang Kaysers Untersuchung der Abhängigkeit von Handlung, Charakter und Raum und ihre Auswirkungen auf den Gehalt eines Erzählwerkes (Wolfgang Kayser, Das sprachliche Kunstwerk, München 1967) ist ebenso statisch auf die Betrachtung der Strukturen fixiert wie Franz K. Stanzels Analyse des gestaltenden Erzählers. (Franz K. Stanzel, Typische Formen des Romans, Göttingen 1970)

[74] Wayne C. Booth, The Rhetoric of Fiction, (Chicago, 1961), Preface.

Hier wird also endlich - wenn auch nur ansatzweise -
der Leser beim interpretations-theoretischen Ansatz
berücksichtigt. Allerdings beschränkt sich Booth
darauf, die erzähltechnischen Möglichkeiten, durch
die der Autor den Leser beeinflußt, zu analysieren.

Einen Schritt weiter als Booth ging einige Jahre später
Wolfgang Iser mit seinem phänomenologischen Ansatz vom
"Impliziten Leser" und seiner darauf aufbauenden Untersuchung "Der Akt des Lesens". Für ihn ist die Interpretation eines Erzählwerkes allein von der Sichtweise des
Lesers abhängig, der die vom Autor in das Werk eingebauten "Lücken" zu füllen hat:

> "Wenn die sozialen und historischen Normen das Repertoire des Romans bilden, so erscheint dieses im fiktionalen Kontext in einer oft differenziert abgestuften Negation. Diese Negation aber hat einen imperativischen Charakter; sie fordert dazu auf, das 'Positive' anderswo als im Umkreis des unmittelbar Vertrauten zu suchen. Diese implizite Aufforderung ergeht zunächst natürlich an den, für den die negierten Normen das Vertraute sind. Das aber ist der Leser des Romans, dessen Aktivität insoweit beansprucht wird, als er die vom bekannten Horizont sich abkehrende Zielrichtung des Romans als dessen Sinn konstruieren muß."[75]

Isers Ansatz geht also von der Negierung vertrauter Normen in einem Erzählwerk aus. Das setzt aber voraus, daß
der Autor auf bestimmte Mythen rekurriert, um so dem
Leser vorab ein Wertsystem, sei es positiv oder negativ,
zu präsentieren. Erst wenn diese Voraussetzungen erfüllt
sind, ist eine Lesersteuerung möglich, die Iser folgendermaßen semantisch erklärt:

> "Das Mittendrin-Sein des Lesers im Text bestimmt sich
> als Scheitelpunkt zwischen Protention und Retention
> der die Satzfolge organisiert und dadurch die Innen-

---

[75] Wolfgang Iser, Der implizite Leser, (München, 1972) p. 8.

horizonte des Textes eröffnet. Mit jedem einzelnen
Satzkorrelat wird ein bestimmter Horizont vorent-
worfen, der sich aber sogleich in eine Projektions-
fläche für das folgende Korrelat wandelt und dadurch
zwangsläufig eine Veränderung erfährt. Da das einzelne Satzkorrelat immer nur in einem begrenzten
Sinne auf Kommendes zielt, bietet der von ihm erweck-
te Horizont eine Anschauung, die bei aller Konkretheit
gewisse Leervorstellungen enthält; diese besitzen insofern den Charakter der Erwartung, als sie ihre Auf-
füllung antizipieren. Jedes Satzkorrelat besteht daher aus gesättigter Anschauung und Leervorstellung
zugleich."76)

So differenziert und umfassend Isers Betrachtungen über
die Relation Leser - Werk auch sein mögen, sowenig
enthalten sie eine genauere Definition des Begriffs Leser.
Iser vermeidet die Deskription eines bestimmten Leser-Typus,
weil es für sein Kommunikationsmodell - auf die Interpretation
allgemein bekannter literarischer Werke hin konzipiert -
zunächst nicht relevant ist. Bei der Betrachtung wenig
bekannter Minoritäts-Literatur rückt die Frage nach dem
Leser-Typus indessen in den Mittelpunkt, wenn sie ihre -
von den meisten Autoren intendierte - Doppelfunktion
erfüllen soll: Die Stimulierung der Minorität selbst
unter der Prämisse einer nationalen Zusammengehörigkeit
und darüber hinaus die Präsentation der Minderheit und
ihrer Eigenheiten einer weitgestreuten, internationalen
Leserschaft.

---

76) W. Iser, <u>Der Akt des Lesens</u> (München, 1976), p. 181.

B. Die Problematik des Ansprechens einer differenzierten Leserschaft für die indianischen Schriftsteller

1. Vorraussetzungen, um den weißen Leser anzusprechen

Vor einer Betrachtung der weißen Leserschicht gilt es zunächst zu differenzieren, da diese Schicht keineswegs homogen ist. Wer also sind die weißen Konsumenten indianischer Literatur? Da es keine empirischen Untersuchungen gibt, läßt sich nur vermuten, daß potentielle weiße Interessenten der modernen (indianischen) Literatur allgemein im Kreise der an Literatur interessierten Personen zu suchen sind. Das aber, so die weitere Schlußfolgerung, sind vornehmlich Personen der gebildeten Mittel- und Oberschicht, des amerikanischen Bürgertums also. Allerdings läßt sich in Gesprächen mit dieser Gruppe immer wieder feststellen, daß nur sehr wenige über moderne indianische Literatur informiert sind.

Diesen Lesern wird zunächst nur durch die Aufmachung der indianischen Werke (Kurzbiographien, Buch-Umschlag) bewußt, daß sie Literatur eines Indianer-Autors in Händen haben. Daneben gibt es allerdings eine kleine Gruppe von speziell an Indianerproblemen interessierten Weißen, die bewußt Werke der Ureinwohner kaufen und lesen. Da es aber wohl kaum notwendig ist, jene "Insider" für das Indianertum zu interessieren, müssen die indianischen Autoren vor allem bei der erstgenannten Gruppe von "Zufallslesern" ein Problembewußtsein wecken, ihnen neue Erfahrungen - "Fremderfahrungen", wie Iser es nennt - vermitteln, damit die Autor-Leser-Kommunikation funktioniert. Iser hat in seinem Werk "Der Akt des Lesens" einige Kriterien genannt, wobei er besonders auf die Fremderfahrung hinweist.[77]

---

[77] W. Iser, Der Akt des Lesens, p. 206.

Von den genannten Kriterien, die entscheidend für das
Zusammenspiel zwischen Autor und Leser sind, ist die
Orientierung an jenem Teilbereich der Fremderfahrung,
"der noch vertraut zu sein scheint", am wichtigsten. Mit
anderen Worten: die indianischen Autoren müssen zunächst
einmal einen Rahmen schaffen, in dem sich auch der weiße
Leser zurechtfindet. Dabei gilt es zwischen dem äußeren,
technischen und dem inhaltlichen Rahmen zu unterscheiden.

Die von den Indianer-Autoren gewählten literarischen
Formen und Techniken entsprechen vollkommen traditionellen Konventionen. Ihre Werke lassen sich mühelos in die
allgemein bekannten gattungstheoretischen Begriffe
einordnen: so gibt es Gedichte, Romane und Kurzgeschichten.
Damit ist die erste Voraussetzung für ein Zurechtfinden
des weißen Lesers, der an diese Konventionen gewöhnt
ist, bereits gegeben.

Daneben ist es jedoch erforderlich, auch inhaltliche
Kriterien als Basis für eine Verständigung zwischen Autor
und Leser schaffen. Da die Indianer primär intendieren,
sich selbst - d.h. ihre eigene Geschichte, Philosophie
und Lebensweise - darzustellen, kommt es hier oft zu
Interessengegensätzen, denn andererseits würde eine reine
Selbstdeskription (wie etwa in den Autobiographien) in
Romanen, Kurzgeschichten und Gedichten keine wirkliche
Kommunikation mit dem Leser herstellen. Um dies zu erreichen, ist vielmehr die Etablierung eines Wertesystems
notwendig, das von weißen wie indianischen Lesern gleichermaßen akzeptiert wird. Hier bietet sich nun vor allem
ein auf moralische Grundwerte ausgerichtetes System an -
je nach Autor mit unterschiedlichen Schwerpunkten in
Religion, Naturalismus oder Politik. Aus diesem, teilweise vertrauten Wertesystem kann der weiße Leser Ver-
trautes selektieren und mit der Fremderfahrung verschmel-
zen. Hier wird bereits deutlich, daß es nur dem vorge-

bildeten weißen Leser gelingen kann, derartige Brücken
zu schlagen; die Kenntnis von "Weltliteratur" im Sinne
Welleks und Warrens[78] ist gleichsam die Voraussetzung
auch zum Verständnis der indianischen Nationalliteratur.

Schließlich sei bei der Frage nach "dem" weißen Leser
noch eine Tatsache erwähnt, die den Kreis der Interessenten weiter limitiert. Ein Blick in die Buchhandlungen
zeigt, daß es in allen größeren Geschäften in den
amerikanischen Großstädten spezielle Fachabteilungen
"Indian Literature" gibt, doch die Auswahl in der
Regel auf Untersuchungen und Beschreibungen weißer
Autoren über die Kultur der Indianer beschränkt ist.
Nur hin und wieder findet sich auch ein neueres Werk
indianischer Autoren in den Regalen - zumeist in Univer-
sitätsbuchhandlungen, wenn dort gerade indianische
Literatur in einem Seminar behandelt wird.

Allein die unklare Definition "Indian Literature" - die
Mehrzahl der Weißen versteht darunter Literatur über,
nicht aber von Indianern - macht deutlich, daß ein Bewußtsein für indianische Autoren bei den weißen Lesern
noch nicht - oder nur bei wenigen Fachleuten - besteht.
Dieses Bewußtsein muß demnach von den Indianern auf breiter Ebene erst noch geschaffen werden. Dies gilt aber
ebenso für einen großen Teil der indianischen Leserschaft.

---

[78] René Wellek/Austin Warren, <u>Theory of Literature</u>,
(New York, 1955^2) p. 50 f.

2. Voraussetzungen, um den indianischen Leser anzusprechen

Betrachtet man die indianische Literatur als "Nationalliteratur" im Sinne Humboldts[79] oder auch Welleks und Warrens[80], so muß ihr zweiter Schwerpunkt in der Kommunikation mit den eigenen Völkern liegen. Bevor die Frage, welche Voraussetzungen dazu von Seiten der Autoren notwendig sind, erörtert werden soll, sind einige Beobachtungen nützlich, die allerdings ebenfalls nicht repräsentativ sind. Zunächst gibt es keine genauen Zahlen über die Anzahl aller lesefähigen Indianer in Amerika, sondern allenfalls Untersuchungen bei einzelnen Völkern, die hier jedoch nicht von Nutzen wären. Grundsätzlich läßt sich feststellen, daß in den Reservationen die meisten älteren Menschen über 60 Jahre nicht lesen können. Auch unter den 30 bis 60jährigen gibt es noch viele, die keine oder nur eine unvollkommene Schulausbildung hatten, so daß der Kreis der Leser unter den Indianern vor allem auf die unter 30jährigen sowie einige wenige Ältere, die eine Ausbildung hatten, beschränkt ist. In jedem Fall dürfte ein Interesse an Indianer-Literatur wohl fast ausschließlich bei Absolventen von Universitäten oder zumindest High-Schools bestehen. Dies bestätigten auch die Navajo-Lehrerin Ernestine Bates aus Fort Defiance, Arizona, und der Sozialtherapeut Reginald Cedar-Face aus Pine-Ridge, South-Dakota, in Gesprächen mit dem Autor.

Weitere Aufschlüsse vermittelt ein Blick auf das Buchangebot in den Reservationen. Sieht man einmal von der Tatsache ab, daß es auch in den großen Reservationen der Oglala-Sioux und der Navajos zum Beispiel keine speziellen Buchhandlungen gibt, und Bücher nur in geringer Auswahl im Supermarkt angeboten werden, so über-

---

[79] vgl. Wilhelm von Humboldt, Gesammelte Schriften, Band VI. (Berlin 1903), p. 22 f.

[80] vgl. R. Wellek/A. Warren, Theory of Literature, p. 50 f.

rascht es doch, daß sich selbst dort im Sommer 1977
keine Werke indianischer Autoren befanden.

Dies - wie auch die Gespräche mit Indianern - läßt
den Schluß zu, daß die Werke moderner indianischer
Autoren wohl ausschließlich unter den gebildeten Indianern bekannt sind, und ähnliches gilt auch für die
in den Städten lebenden Ureinwohner. Somit ist es eine
der vordringlichen Aufgaben an indianischen Schulen,
wie die Lehrerin Barbara Moore von der Rosebud-Reservation in South-Dakota gegenüber dem Autor betonte, die
jungen Indianer zunächst einmal mit ihrer eigenen Literatur bekannt zu machen.

Die indianischen Autoren streben dieses Ziel mit verschiedenen Mitteln an. Dazu zählt zunächst einmal die
Sprache. Während sich James Welch in "Winter in the Blood"
zum Beispiel einer sehr einfachen Umgangssprache, wie
sie auch von den Indianern selbst gesprochen wird,
bedient, kann man bei Scott Momaday in "The Way to
Rainy Mountain" unverkennbare Anklänge an die schlichte
Poetik der Vergangenheit feststellen. Ähnliches gilt
für die inhaltliche Gestaltung der Werke. Auch hier
müssen sich die Indianer-Autoren einerseits bemühen,
dem indianischen Leser eine Identifikation mit der
gegenwärtigen Situation zu vermitteln, während auf der
anderen Seite Brücken zu den Traditionen der Vergangenheit zu schlagen sind.

C. Das Wort als Waffe und die Ironie als besonderes
   Stilmittel in der modernen indianischen Literatur

1. Die Bedeutung des Wortes

Der Frage, wie die Indianer die Sprache als Waffe einsetzen, muß eine Betrachtung der Indianersprachen überhaupt, ihrer Struktur und Grammatik, vorausgehen. Es ist bezeichnend, daß das geschriebene Wort unter den Ureinwohnern Nord-Amerikas noch relativ jung ist. Es gibt - abgesehen von Bildern und Zeichnungen - so gut wie keine schriftlichen Aufzeichnungen aus der Zeit vor dem 19. Jahrhundert. Alle Mythen und Erzählungen, Gedichte und Gesänge wurden mündlich von einer Generation an die nächste überliefert. Erst nach der Konfrontation mit den Weißen begannen die Indianer Nord-Amerikas, selbst zur Feder zu greifen, beziehungsweise sich durch Erzählungen, die von Weißen aufgezeichnet wurden, zu artikulieren.

Diese Entwicklung wird vor dem Hintergrund der Bedeutung vor allem des gesprochenen Wortes für die Indianer deutlich.

> "A word has power in and of itself. It comes from
> nothing into sound and meaning; it gives origin to
> all things. By means of words can a man deal with
> the world on equal terms. And the word is sacred.
> A man's name is his own; he can keep it or give it
> away as he likes. Until recent times, the Kiowas
> would not speak the name of a dead man. To do so
> would have been disrespectful and dishonest. The
> dead take their names with them out of the world." [81]

Auf die Untrennbarkeit von Denken und Sprechen hat in ähnlichem Zusammenhang bereits Humboldt hingewiesen:

---

[81] N.S. Momaday, The Way to Rainy Mountain, (New York, 1970) p. 42.

"Die Sprache ist aber durchaus kein bloßes Verständigungsmittel, sondern der Abdruck des Geistes und der Weltansicht des Redenden..."[82] Für Humboldt enthält jede Sprache "eine Weltansicht, eine ihr spezifische Vorstellung der Welt und ihrer Struktur, eine eigentümliche Ontologie."[83]

> "Diese Weltansicht einer Sprache wird geprägt von dem Lebenswillen, oder, wie man auch sagt, dem Kulturwollen der Nation, die diese Sprache spricht; umgekehrt entfaltet sich aber auch in der Sprachkraft die Eigenart und der Charakter einer Kultur, denn Sprache und Kultur, Sprache und Leben sind aufs engste verbunden. ...Ist die Kultur Schöpfer der Sprache, so ist diese dem Einzelnen gegenüber eine Macht, die sein Denken und seine Erfahrung in der Form ihrer Weltansicht bestimmt und so Anteil an der Formung seiner Erfahrung hat."[84]

Die amerikanischen Sprachwissenschaftler Sapir und Whorf haben die Gedanken Humboldts fortgeführt und sich näher mit dem Verhältnis von Erfahrung zu Sprache beschäftigt. Sapir kommt zu dem Schluß, daß Erfahrung zu einem großen Teil die Sprache beeinflußt[85], während Whorf noch einen Schritt weitergeht:

> "Natural logic says that talking is merely an incidental process concerned strictly with communication not with formulation of ideas. Talking, or the use of language, is supposed only to 'express' what is essentially already formulated nonlinguistically. Formulation is an independent process, called thought or thinking, and is supposed to be largely indifferent to the nature of particular languages. Languages have grammars, which are assumed to be merely norms of conventional and social correctness, but the use of language is supposed to be guided not so much by them as by correct, rational, or intelligent thinking".[86]

---

[82] v. Humboldt, Gesammelte Schriften, Band VI, p. 22 f.

[83] Franz v. Kutschera, Sprachphilosophie (München, 1974) p. 290.

[84] ibid., p. 292/293.

[85] ibid., p. 300.

[86] B.L. Whorf, Language, Thought and Reality, (New York, 1956), p. 207 f.

Allerdings, so wendet Whorf weiter ein, sei das Produzieren von Ideen doch in starkem Maße von der jeweiligen Grammatik einer Sprache abhängig.

> "From this fact proceeds what I have called the 'linguistic relativity principle', which means, in informal terms, that users of markedly different grammars are pointed by their grammars toward different types of observations and different evaluations of externally similar acts of observation, and hence are not equivalent as observers but must arrive at somewhat different views of the world."[87)]

Diese Abhängigkeit der Sprache von linguistischen Faktoren zeigt sich besonders bei einem Blick auf die indianischen Sprachen. Driver hat viele dieser Sprachen analysiert, miteinander verglichen und kommt zu dem Schluß, daß die Ureinwohner insgesamt einfacher sprechen und schreiben als wir, weil ihre Sprachen unvollständiger sind.[88)] An einem Beispiel der Navajo-Sprache wird dies deutlich. So kennt dieser Stamm nur fünf Farbbezeichnungen: weiß, zwei verschiedene Arten schwarz, rot und einen Begriff für die Farben blau und grün.[89)]

Die Simplizität der Sprache wird auch in den frühen Gesängen und Gedichten deutlich. Als Beispiel sei hier der archaische "Schöpfungs-Gesang" aus den Schöpfungsthemen der Navajos genannt:

> "Die Erschaffung der Erde
>
> Der Zauberer Erde formt die Welt.
> Sieh, was er kann!
> Rund und weich modelliert er die Welt.
> Sieh, was er kann!
> Der Zauberer Erde macht die Berge.
> Beachte, was er zu sagen hat!

[87)] B.L. Whorf, Language, Thought and Reality, p. 221.
[88)] H.E. Driver, Indians of North America, (Chicago, 1961) p. 564/565.
[89)] ibid., p. 564/565.

> Er ist's der die Hochebenen erschafft.
> Beachte, was er zu sagen hat!
> Der Zauberer Erde formt die Welt.
> Der Zauberer Erde macht ihre Berge,
> macht alles breiter, breiter, breiter.
> In die Erde der Zauberer verschwindet.
> In seinen Bergen ist er zu sehn."90)

Sieht man einmal von den schon erwähnten Schwierigkeiten der Wiedergabe derartiger Poesie in Englisch oder Deutsch ab, so wird an diesem Beispiel doch die Beschränkung des Vokabulars in den indianischen Sprachen deutlich. Aufgrund dieser beschränkten linguistischen Voraussetzungen aber ist eine Ausdrucksweise, die in ihrer Variationsbreite einer abendländischen entspräche, nicht möglich. Folglich gibt es bei den Indianern bis zur Adaption der englischen Sprache auch keine derartige Entfaltung der Literatur.

Zwar betonen Humboldt, Whorf und Sapir, daß das Weltbild einer Kultur nicht allein durch ihre Sprache bestimmt wird,[91] doch zeigt das Beispiel aus der Navajo-Sprache deutlich, in welchem starkem Maße die Dichtung, die letztlich in Wechselbeziehung zum Weltbild einer Kultur steht, von der Sprache beeinflußt wird. Es erhebt sich an dieser Stelle die Frage, ob - wie Humboldt im Gegensatz zu Whorf behauptete - die Sprache eine vollständige Auskunft über das Weltbild der Indianer vermittelt und umgekehrt, inwieweit sich aus ihrem Weltbild bereits die Grundstrukturen der Sprache ablesen lassen.[92]

Für die Indianer ergibt sich zweifellos eine sehr enge Beziehung zwischen Sprache und Weltbild, denn "the singing of songs and the telling of tales, with the American Indian, is but seldom a means of mere spontaneous

---

[90] A.G. Day, <u>Aufhellender Himmel</u>, p. 87.
[91] F. v. Kutschera, <u>Sprachphilosophie</u>, p. 302.
[92] ibid., p.302.

self-expression. More often than not, the singer aims
with the chanted word to exert a strong influence and to bring
about a change, either in himself or in nature or in
his fellow beings."[93] Das Wort ist eine Macht, aber
fast ausschließlich in religiöser und philosophischer
Hinsicht.

> "Above all, it seems that the word, both in song
> and in tale, was meant to maintain and to prolong
> the individual life in some way or other - that is,
> to cure, to heal, to ward off evil, and to frustrate
> death. Healing songs, and songs intended to support
> the powers of germination and of growth in all their
> manifestations, fairly outnumber all other songs of
> the American Indian."[94]

Das Wort ist Leben, Substanz, Realität und existierte
vor dem Entstehen der Erde, der Sonne und des Mondes.
In indianischer Vorstellung ist das Wort eine unabhängige
Größe, noch über dem Great Spirit stehend. "The word
is thought to precede the creator, for the primitive
mind cannot imagine a creation out of nothingness. In
the beginning was the thought, the dream, the word."[95]
Ob diese Vorstellung indessen nur in "the primitive mind"
existierte, scheint zweifelhaft bei der Betrachtung der
Magie des Wortes in anderen Religionen.

Während sich in den weißen Gesellschaften seit dem
Beginn der Neuzeit jedoch eine Art von "Wörterinflation",
wie Margret Astrov es nennt,[96] gebildet hat, ist die
Macht des Wortes bei den Indianern geblieben. Dabei
beeinflußt nicht nur Erfahrung die Sprache, sondern umgekehrt, nimmt in starkem Maße - wie Humboldt schon fest-
stellte - die Sprache Anteil an der Erfahrung.

---

[93] The Winged Serpent, an Anthology of American Indian
Prose and Poetry, ed. M. Astrov (New York, 1946) p. 19.

[94] ibid., p. 19.

[95] ibid., p. 19/20.

[96] The Winged Serpent, p. 39 - 43.

An dieser Stelle zeigt sich das Dilemma, in dem sich
die indianischen Sprachen befinden. Sie sind auf das
Verständnis des eigenen Weltbildes hin konzipiert -
weil dessen Spiegelbild -, und somit wurde ihre Rolle
als rhetorische Waffe in der Vergangenheit von den
Indianern nicht erkannt. Der wesentliche Grund dürfte
die kaum vorhandene Kommunikation der einzelnen Indianerstämme untereinander gewesen sein. Jedes Indianervolk
lebte in dem eigenen, eng begrenzten Kulturkreis mit
einer Sprache, die auf das Stärkste vom Weltbild und
tabuisierten religiösen und philosophischen Normen
geprägt worden war. Schon allein die Verschiedenheit
der einzelnen Indianersprachen machte eine überregionale
Verständigung unmöglich. So stellte Driver bei seinen
Untersuchungen zwar fest, daß zwischen einzelnen Indianersprachen - zum Beispiel im amerikanischen Nordwesten -
gewisse Gemeinsamkeiten vorhanden sind, es jedoch eine
einheitliche Sprache nur bei den Eskimos gibt.[97]

Da innerhalb der Stämme Diskussionen aufgrund der beschränkten Themen und der damit verbundenen einfachen
Linguistik begrenzt waren, konnte sich eine höherstehende
Rhetorik kaum entwickeln. Somit war ein Circulus Vitiosus
entstanden: aufgrund der unterschiedlichen Sprachen war
eine Verständigung der einzelnen Stämme miteinander so
gut wie unmöglich, doch nur durch eine Kommunikation mit
anderen Kulturen und Sprachen ist nach Humboldt eine Erweiterung des eigenen Horizontes möglich.[98]

Vor diesem Hintergrund wird es verständlich, daß die frühe
Indianerliteratur auf der Stufe der religiösen und philosophischen Gesänge, Poesie, Erzählungen und Mythen

---

[97] H.E. Driver, Indians of North America, p. 577/578.
[98] Franz v. Kutschera, Sprachphilosophie, p. 295.

stehenblieb, eine kritische Reflexion als Voraussetzung
für alle höheren Literaturgattungen aber nicht statt-
fand. Die Erweiterung des eigenen Horizonts und die
Sammlung neuer Erfahrungswerte im humboldtschen Sinne
trat erst in dem Moment ein, als die Ureinwohner Nordamerikas mit der weißen Kultur konfrontiert wurden.

Diese Auseinandersetzung führte zur Reflexion der eigenen Wertvorstellungen, und damit zwangsläufig zunächst
zu Identitätsproblemen. Die Indianer erfuhren, daß es
noch andere Religionen und Philosophien gab, die den
ihren möglicherweise überlegen waren. Erstmalig mußten
sie sich unterwerfen, ohne daß ihnen die Macht der Worte
ihrer Gesänge und Gebete geholfen hätte. Dieser "Zusammen-
bruch" des eigenen Wertgefühls führte zunächst einmal
zu einem Stadium der Resignation. Zugleich bedeutete
der Kontrast mit der weißen Kultur für die Indianer eine
geistige Herausforderung. Sie erkannten, daß sie sich
gegen die weiße Kultur zur Wehr setzen mußten, wenn
sie ihre Identität nicht völlig verlieren wollten. Im
Kampf mit Pfeil und Bogen waren sie unterlegen, also
galt es, eine neue Waffe zu finden.

Nachdem die Phase der Selbstreflexion Ende der zwanziger
Jahre zu einem vorläufigen Abschluß gelangt war, wofür
das zunehmende Verständnis der Weißen gegenüber den Indianern, wie es auch in den neuen Gesetzen der dreißiger
Jahre zum Ausdruck kam[99], sicher ein entscheidender
Grund war, erkannten die Indianer, daß das Wort diese
neue Waffe sein mußte. Sie konnte aber nur wirksam sein,
wenn sie aus dem alten Kultur- und Erfahrungskreis des
eigenen Stammes heraus in einer Sprache eingesetzt wurde,
die - im Gegensatz zu den indianischen Sprachen - die

---

[99] vgl. L. Ungers, <u>Die Rückkehr des Roten Mannes</u>,
p. 57 f.

Rhetorik als Waffe kennt. Hier bot sich die Sprache
der Sieger an, die man nun mit ihrer eigenen Waffe
schlagen konnte.

Allerdings wurde dieser Zusammenhang nicht beachtet.
Somit sind frühe Autobiographien wie die Black Elks in
erster Linie Selbstdarstellungen ohne stärkeren Kontrast
zur weißen Kultur, während die gegenwärtigen Werke in
sehr viel größerem Maße ein Identitätsbewußtsein enthalten, das durch die Kritik an der weißen Gesellschaft geprägt ist. Diese Entwicklung läßt sich anhand der folgenden drei Autobiographien eindeutig nachweisen.

So heißt es in dem von weißen Missionaren um die Mitte des
vorigen Jahrhunderts aufgezeichneten Aufsatz "An Indian's
Views of Indian Affairs" des Nez Percés-Häuptlings Joseph
noch:

> "I know that my race must change. We cannot hold our
> own with the white man as we are. We only ask an even
> chance to live as other man live...
> Let me be a free man - free to travel, free to stop,
> free to work, free to trade where I choose, free to
> choose my own teachers, free to follow the religion
> of my fathers, free to think and talk and act for
> myself - and I will obey every law, or submit to
> the penalty."[100]

Zwar übt auch Chief Joseph schon Kritik an den Weißen,
doch ist er andererseits auch zu einem sehr weiten Ent-
gegenkommen bereit. Ähnlich resignierend äußert sich
Black Elk Anfang der dreißiger Jahre:

> "And I, to whom so great a vision was given in my
> youth - you see me now a pitiful old man who has done
> nothing, for the nation's hoop is broken and scattered.
> There is no center any longer, and the sacred tree is
> dead."[101]

---

[100] Chief Joseph, An Indian's Views of Indian Affairs,
in: North American Review, p. 433.

[101] J. Neihardt, Black Elk Speaks, p. 230.

Wie unterschiedlich dazu klingt Lame Deers Kritik an
jenem Symbol der amerikanischen Demokratie, das vielen
Weißen fast wie ein Heiligtum erscheint: dem Mount
Rushmore, in dessen Felsen in Übergröße die Köpfe
Washingtons, Jeffersons, Lincolns und Roosevelts ge-
meißelt sind. Lame Deer nennt das Kapitel seines Werkes,
das von diesem sogenannten "Shrine of Democracy" handelt,
beziehungsreich "Sitting on Top of Teddy Roosevelt's
Head" und formuliert ironisch:

> "Don't get me wrong - we hold no grudge against
> Lincoln, Jefferson or Washington. They signed a
> few good treaties with us and it wasn't their
> fault that they weren't kept. What we object to is
> the white man's arrogance and self-love, his dis-
> regard for nature which makes him desecrate one of
> our holy mountains with these oversized pale faces.
> It's symbolic, too, that this 'Shrine of Democracy',
> these four faces, are up to their chins in one
> tremendous pile of rubble, a million tons of jagged,
> blasted, dynamited stone reaching all the way down
> to the visitor's center. If you look up the mountain,
> the way most tourists do, you see these four heads
> rising out of something like a gigantic, abandoned
> mine dump. But nobody seems to notice that."[102]

Allein der Stil aller drei Autobiographien macht den
Wandel des Wortes in der Indianerliteratur deutlich.
Während Chief Josephs Aufsatz fast eine "Bittschrift"
genannt werden könnte - der Missionar, der das Werk aufgezeichnet hat, entschuldigt sich eingangs auch noch
für die gelegentliche Kritik des Indianerhäuptlings[103] -
stehen bei Black Elk die Erinnerungen an die Vision -
an die früheren Zeiten, als die Indianer noch nicht
unterworfen waren - im Vordergrund, aufgezeichnet von
Neihardt im Stil weißer Literatur-Tradition. Dagegen

---

[102] John F. Lame Deer/Richard Erdoes, <u>Lame Deer Seeker of Visions, The Life of a Sioux Medicine Man,</u> (New York, 1972) p. 91 f.

[103] Chief Joseph, An Indian's Views of Indian Affairs in <u>North American Review</u>, p. 412/413.

äußert sich Lame Deer gegenüber seinen Lesern in einem teilweise unbeholfenen, stilistisch simplen, mit Slang durchsetzten Englisch, das aber dem Werk - im Gegensatz zu den zuvor genannten Darstellungen - die notwendige Authentizität verleiht. Der Grund hierfür ist klar: Chief Joseph und Black Elk sprachen noch kein Englisch und konnten ihre Worte nur unter großen Schwierigkeiten über Dolmetscher zu Papier bringen lassen, Lame Deer hingegen unterhielt sich mit Richard Erdoes ohne Dolmetscher und nimmt damit in wesentlich stärkerem Maße Einfluß auf das, was auf dem Papier erscheint. Noch authentischer klingt indessen die selbst niedergeschriebene Autobiographie des Indianers Ted. C. Williams, der darin seine subtile Kritik an der weißen Gesellschaft gestaltet.[104]

Die Verwendung der englischen Sprache von Lame Deer und Williams zeigt ihren heutigen Stellenwert als rhetorische Waffe für die Indianer. Englisch ermöglicht aber nicht nur eine Kommunikation zwischen den Indianern und Weißen, sondern darüber hinaus auch erstmals eine Verständigung der Indianervölker untereinander. Damit kann sich aus dem Stammesbewußtsein nun ein "Nationalbewußtsein" entwickeln. Ein "Panindianismus" setzt sich allerdings erst allmählich durch, denn die meisten Indianer denken noch regional anstatt überregional. "Most Indians are nationalists. That is, they are primarily concerned with developments and continuance of the tribe."[105]

Jetzt, wo die Indianer die Möglichkeiten der gemeinsamen Kommunikation mit Hilfe der englischen Sprache nutzen, kann sich diese Entwicklung fortsetzen. Somit ist das Wort

---

[104] Ted C. Williams, The Reservation (Syracuse, N.Y., 1976)

[105] Vine Deloria Jr., Custer Died for Your sins, p. 237.

nicht nur eine Waffe im Kampf gegen die Weißen, sondern darüber hinaus ein Mittel der Überwindung eigener stammesbedingter Grenzen. Schon heute schreiben die meisten indianischen Autoren ausschließlich in Englisch, und auch die Mythen und Gedichte der Vergangenheit werden in Englisch verarbeitet. Damit findet zugleich ein kultureller Austausch zwischen den Stämmen und eine Bewahrung der Traditionen statt, was jedoch lediglich der Selbstdarstellung dient. Der nächste Schritt, eine Reflexion der Identität und darüber hinaus die Schaffung eines Nationalbewußtseins, kann nur durch den Einsatz der englischen Sprache als Waffe gegen die Weißen erreicht werden, um so die eigene Kultur vor deren Einfluß zu schützen.

2. Ironie als Mittel der Gesellschaftskritik

Welche Form hat nun diese rhetorische Waffe? Bei einem Blick auf einige der neuen Werke indianischer Literatur findet sich ein Stilmittel der Darstellung, das Weiße bei indianischen Autoren kaum erwarten: die Ironie in ihren vielfältigen Variationen.

> "One of the best ways to understand a people is to know what makes them laugh. Laughter encompasses the limits of the soul. In humor life is redefined and accepted. Irony and satire provide much keener insights into a group's collective psyche and values than do years of research.
> It has always been a great disappointment to Indian people that the humorous side of Indian life has not been mentioned by professed experts on Indian Affairs. Rather the image of the granite-faced grunting redskin has been perpetuated by American mythology."[106]

---

[106] ibid., p. 148.

Sowohl Deloria Jr., wie Witt und Steiner und Lame Deer stellen eine Form indianischen Humors vor, den sie nicht näher definieren. Der Humor als ironisch-rhetorische Waffe im Sinne des Aristoteles[107] hat sich erst nach der Invasion der Weißen und mit dem Entstehen der modernen Indianerliteratur gebildet. Deloria weist jedoch darauf hin, daß der Humor von jeher bei den Ureinwohnern Amerikas eine bedeutende Rolle nicht nur im sprachlichen, sondern auch im sozialen Bereich gespielt hat:

> "Indians have found a humorous side of nearly every problem and the experiences of life have generally been so well defined through jokes and stories that they have become a thing in themselves. For centuries before the white invasion, teasing was method of control of social situations by Indian people. Rather than embarrass members of the tribe publicly people used to tease individuals they considered out of step with the consensus of tribal opinion. In this way egos were preserved and disputes within the tribe of a personal nature were held to a minimum. Gradually people learned to anticipate teasing and began to tease themselves as a means of showing humility and at the same time advocating a course of action they deeply believed in."[108]

Diese soziale Funktion des Humors entspricht dem Verständnis von Ironie, wie sie etwa gegen Ende des 17. Jahrhunderts in England häufig verstanden wurde: als "tadeln durch falsches Lob und loben durch vorgeblichen Tadel",[109] was zugleich auch der Schlegelschen Definition von Humor entspricht.

> "Humor hat es mit Sein und Nichtsein zu tun, und sein eigentliches Wesen ist Reflexion. Daher seine Verwandtschaft mit der Elegie und allem, was transzendental ist; daher aber auch sein Hochmut und sein Hang zur Mystik des Witzes. Wie Genialität dem Naiven,

---

[107] Norman Knox, Die Bedeutung von "Ironie": Einführung und Zusammenfassung in: Hans-Egon Hass/Gustav-Adolf Mohrlüder, Ironie als literarisches Phänomen, (Köln, 1973) p. 22

[108] V. Deloria Jr., Custer Died for Your Sins, p. 149.

[109] N. Knox, Die Bedeutung von Ironie in: H.-F. Hass/ G.-A. Mohrlüder, Ironie als literarisches Phänomen, p. 26/27.

so ist ernste reine Schönheit dem Humor notwendig. Er schwebt am liebsten über leicht und klar strömenden Rhapsodien der Philosophie oder der Poesie und flieht schwerfällige Massen, und abgerißne Bruchstücke."[110]

Für den Indianer bewirkte der Humor durch seine soziale Funktion die Reflexion auf das eigene Ich und damit zugleich auf seine religiösen und philosophischen Grundsätze.

Durch die Konfrontation mit den Weißen änderte sich die Funktion des Humors für die Indianer allmählich hin zur kritischen Ironie. Diese Kontinuität ist identisch mit der Entwicklung der Literatur. So finden sich in den älteren Werken indianischer Schriftsteller, etwa den Autobiographien Chief Josephs und Black Elks, so gut wie keine humorvollen oder ironischen Ausführungen, während sie als wesentliches Stilmittel zum Beispiel die gesamten Werke von Lame Deer und Deloria Jr. durchziehen.

Die moderne indianische Ironie entspricht Eleanor Newman Hutchens' klassischer Definition "als das Spiel, zu einem Ziel zu gelangen durch das Andeuten des Gegenteils"[111]. Dazu ein Beispiel aus der Autobiographie Lame Deers:

"Nowadays clever people study sun spots through giant telescopes, and your man-made little stars zoom around the earth as if they were late on a job. You have even landed on the moon and left a few plastic bags of urine there and a few chewing-gum wrappers. But I think the Indians knew the sun and the moon much better in those long-forgotten days, were much closer to them."[112]

---

[110] Friedrich Schlegel, Fragmente (Athenäum 305), in: Hass/Mohrlüder, Ironie...., p. 292.

[111] Eleanor Newman Hutchens, Die Identifikation der Ironie in: Hass/Mohrlüder, Ironie ..., p. 52.

[112] J. Lame Deer/R. Erdoes, Lame Deer Seeker of Visions, p. 199.

Die den Weißen von Lame Deer vorgeworfene Paradoxie,
steigert sich gelegentlich zur Groteske, und die
Ironie wird zu bitterem Sarkasmus, bei der folgenden
Episode aus der Schlacht gegen Custer:

> "Just before the Custer battle the white soldiers
> had received their pay. Their pockets were full of
> green paper and they had no place to spend it. What
> were their last thoughts as an Indian bullet or
> arrow hit them? I guess they were thinking of all
> that money going to waste..., of a bunch of dumb
> savages getting their paws on that hardearned pay.
> That must have hurt them more than the arrow between
> their ribs.
> The close hand-to-hand fighting, with thousand horses
> gallyhooting all over the place, had covered the
> battlefield with an enormous cloud of dust, and in
> it the green frog skins of the soldiers were whirling
> like snowflakes in a blizzard. Now, what did the In-
> dians do with all that money? They gave it to their
> children to play with..., making them into toy buffalo
> and horses. ... The books tell of one soldier who sur-
> vived. He got away, but went crazy and some women
> watched him,.. as he killed himself. The writers
> always say he must have been afraid of being captured
> and tortured, but that's all wrong.
> Can't you see it? There he is, bellied down in a gully,
> watching what is going on. He sees kids playing with
> the money..., the women using it to fire up some
> dried buffalo chips to cook on, the men lighting
> their pipes with green frog skins, but mostly all
> those beautiful dollar bills floating away with the
> dust and the wind. It's this sight that drove that
> poor soldier crazy. He's clutching his head, hollering
> 'Goddam, Jesus, Christ Almighty, look at them dumb,
> stupid red sons of bitches wasting all that dough!'
> He watches till he can't stand it any longer, and
> then he blows his brains out with a six-shooter. It
> would make a great scene in a movie, but it would
> take an Indian mind to get the point."[113]

Es ist bemerkenswert, daß vor allem Darstellungen der
Vergangenheit, die ruhmreich in die Annalen der india-
nischen Geschichte eingingen, häufig Gegenstand ironischer
Kritik an der weißen Gesellschaft sind. So gibt es eine

---

[113] ibid., p. 43/44.

ganze Reihe von "Custer-Witzen":

> "The most popular and enduring subject of Indian
> humor is, of course, General Custer. There are
> probably more jokes about Custer and the Indians
> than were participants in the battle. All tribes,
> even those thousands of miles from Montana, feel
> a sense of accomplishment when thinking of Custer.
> Custer binds together implacable foes because he
> represented the Ugly American of the last century
> and he got what was coming to him."[114]

Vor einigen Jahren war ein Autoaufkleber besonders populär, der die Aufschrift "Custer Died for Your Sins" trug, und ursprünglich als Hieb gegen den nationalen Kirchenrat gedacht war. Der Slogan geht auf den Vertrag der Sioux mit der amerikanischen Regierung zurück, der 1868 in Fort Laramie geschlossen wurde. Darin sichert die Regierung den Indianern das Recht auf die Benutzung des von ihnen beanspruchten Landes zu. Nach dem Alten Testament wurde Vertragsbruch mit einem Todesopfer bestraft, und Custer war dieses Todesopfer, das die Indianer von den Vereinigten Staaten forderten.[115] Der Aufkleber fand unter allen Indianer-Völkern schnelle Verbreitung, und bald verstand jeder in der Öffentlichkeit der USA den Sinn dieser Parole. Damit setzten die Indianer das ironische Wort als Waffe auf breitester Ebene ein.

Ebenso populär wie der erwähnte Aufkleber sind die zahlreichen Anekdoten, die sich die Ureinwohner über Custer erzählten. "Custer jokes however, can barely be categorized, let alone sloganized. Indians say that Custer was well-dressed for the occasion. When the Sioux found his body

---

[114] V. Deloria Jr., <u>Custer Died for Your Sins</u>, p. 150.
[115] ibid., p. 150.

after the battle, he had on an Arrow shirt."[116]
Ebenso ranken sich zahlreiche Geschichten um die letzten
Worte des Generals. "One source states as he was falling
mortally wounded he cried, 'Take no prisoners!'"[117]

Eine andere Zielscheibe indianischen Humors ist ein
noch bekannterer Weißer aus der Geschichte: Columbus.
Obwohl keiner der Stämme, die mit dem spanischen See-
fahrer unmittelbare Berührung hatten, heute noch existiert,
erfreuen sich die Columbus-Witze unter allen Indianern
größter Beliebtheit.

> "Rumour has it that Columbus began his journey with
> four ships. But one went over the edge so he arrived
> in the new world with only three. Another version
> states that Columbus didn't know where he was going
> didn't know where he had been and did it all on
> someone else's money. And the white man has been
> following Columbus ever since.
> ... A favorite cartoon in Indian country a few years
> back showed a flying saucer landing while an Indian
> watched. The caption was 'Oh, no, not again'."[118]

Die weite Verbreitung der Custer- und Columbus-Witze
unter fast allen Indianerstämmen unterstreicht die bedeutende Rolle, die die Kommunikation in Englisch heute
für das indianische Selbstbewußtsein spielt.

Damit hat das humorvolle Wort hier eine doppelte Bedeutung: zum einen als ironische Charakterisierung we-
sentlicher historischer Ereignisse und damit als Waffe
gegen die Weißen, zum anderen als kommunikatives Element
der Indianer untereinander zur Förderung eines Zusammen-
gehörigkeitsgefühls und Selbstbewußtseins.
"Tribes are being brought together by sharing humor of
the past. ... the fact of white invasion from which all

---

[116] ibid., p. 150.
[117] ibid., p. 151.
[118] ibid., p. 149/150.

tribes have suffered has created a common bond in relation to Columbus jokes that gives a solid feeling of unity and purpose to the tribes."[119]

Doch es sind nicht allein historische Fakten, die Gegenstand einer ironischen Darstellung seitens der Indianer sind. Auch aktuelle politische Vorgänge werden in ähnlicher Weise humorvoll dargestellt, sowohl tagespolitische Ereignisse wie Maßnahmen staatlicher Behörden, die für die Indianerprobleme zuständig sind.

> "During the 1964 elections Indians were talking in Arizona about the relative positions of the two candidates, Johnson und Goldwater. A white man told them to forget about domestic policies and concentrate on the foreign policies of the two men. One Indian looked at him coldly and said that from Indian point of view it was all foreign policy.
> ... The current joke is that a survey was taken and only 15 percent of the Indians thought that the United States should get out of Vietnam. Eightyfive percent thought they should get out of America!"[120]

Ein weiteres Thema, mit dem sich die Indianer gerne ironisch auseinandersetzen, ist die christliche Religion. Auch hier überliefert Vine Deloria Jr., selbst Sohn eines indianischen Christenpfarrers, einige Anekdoten.

> "One story concerns a very obnoxious missionary who delighted in scaring the people with tales of hell, eternal fires, and everlasting damnation. This man was very unpopular and people went out of their way to avoid him. But he persisted to contrast heaven and hell as a carrot-and-stick technique of conversion. One Sunday after a particularly fearful description of hell he asked an old chief, the main holdout of the tribe against Christianity, where he wanted to go. The old Chief asked the missionary where he was going. And the missionary replied that, of course, he as a missionary of the gospel was going to heaven. 'Then I'll go to hell', the old chief said, intent on having peace in the world to come if not in this world."[121]

---

[119] ibid., p. 149.
[120] ibid., p. 157.
[121] ibid., p. 154.

Missionsgeschichten aus der Vergangenheit zählen ebenso zu den Lieblingsthemen aller Indianerstämme. Noch heute werden sie bei allen möglichen Zusammenkünften erzählt.[122]

Auch gegen ihre Erforschung durch weiße Wissenschaftler setzen sich die Ureinwohner mit ironischen Mitteln zur Wehr. So beschäftigt sich Deloria Jr. in seinem "Indian Manifesto" in einem ganzen Kapitel mit diesem Problem. Der Grund, warum sich die Indianer heute gegen den Strom von "Forschern", der jeden Sommer über die verschiedenen Stämme hereinbricht, wehren, wird von Deloria Jr. in einem Satz gesagt: "You may be curious as to why the anthropologist never carries a writing instrument. He never makes a mark because he ALREADY KNOWS what he is going to find."[123] Folgen der wissenschaftlichen Untersuchungen sind häufig große Verwirrungen unter einzelnen Stämmen, etwa, wenn Anthropologen mit Entsetzen feststellten, daß bestimmte Stämme nicht mehr ihre alten Riten vollziehen und tanzen. "The people did Indian dances. BUT THEY DIDN'T DO THEM ALL THE TIME".[124]
Deloria Jr. zeigt, daß jene Stämme, die wie die **Apachen** von weißen Forschern relativ unberührt blieben, sich viel kontinuierlicher entwickelten.[125] Von daher ist also der Argwohn vieler Indianer gegen die Anthropologen zu verstehen, die es mittels schlagfertiger Worte abzuwehren gilt:

>"Anthropologist: 'How's your sex life?'
>Indian: 'Fine, How is yours?'
>Anthropologist: 'Do you always have the same position?'
>Indian: 'Yes, I've been an ambulance driver for twenty years.'
>Anthropologist: 'You have a taboo about your organ?'
>Indian: 'The only guy around here with an organ is the Catholic priest. You should see him working it.'"[126]

---

[122] ibid., p. 154.

[123] ibid., p. 85.

[124] ibid., p. 91.   [125] ibid., p.88/89.

[126] J. Lame Deer/R. Erdoes, Lame Deer Seeker of Visions, p. 150

Es ist bezeichnend, daß sich die Ironie der Indianer fast ausschließlich gegen die weiße Gesellschaft, ihre Kultur und ihre Institutionen richtet. Dagegen finden sich in den gesamten Selbstdarstellungen - von Black Elk über Lame Deer bis Vine Deloria Jr. und auch in modernen Anthologien wie denen von Peek und Sanders - kaum Anzeichen für eine ironische Selbstkritik. Damit wird umso deutlicher, daß die Ironie in erster Linie eine Funktion als rhetorische Waffe gegen die Weißen hat. Ein weiteres Beispiel bietet der folgende Dialog des bekannten, inzwischen verstorbenen Führers des "National Indian Youth Council's", Clyde Warrior mit einer Gruppe Indianer während einer Versammlung:

> "Do you realize', he said, 'that when the United States was founded, it was only 5 percent urban and 95 percent rural and now it is 70 percent urban and 30 percent rural?'
> His listeners nodded solemnly but didn't seem to understand what he was driving at.
> 'Don't you realize what this means?' he rapidly continued. 'It means we are pushing them back into the cities. Soon we will have the country back again.'"127)

Hier zeigt sich einmal mehr, daß Ironie und Witz für die Indianer heute mehr bedeuten als wehmütige Nostalgie oder bloße Unterhaltung. Der indianische Humor hat sich vom resignierenden Sarkasmus in einigen historischen Anekdoten zu aggressiver Ironie gewandelt. Man nimmt Anteil am politischen Leben der Vereinigten Staaten, doch es werden zugleich klare Trennungslinien zwischen den Kulturen gezogen. Vine Deloria Jr. hat den Stellenwert des Humors unter den Indianern erkannt, wenn er schreibt:

---

127) V. Deloria Jr., <u>Custer Died for Your Sins</u>, p. 167/168.

"Humor, all Indians will agree, is the cement by which the coming Indian movement is held together. When a people can laugh at themselves and laugh at others and hold all aspects of life together without letting anybody drive them to extremes, then it seems to me that people can survive."[128]

---

[128] ibid., p. 168.

IV. Die Rhetorik moderner indianischer Literatur dargestellt an verschiedenen Literaturgattungen

A. Die Autobiographie "Black Elk Speaks"

1. Merkmale der indianischen Autobiographie

Die "Wiederentdeckung" des Indianertums durch die Weißen in den zwanziger Jahren implizierte natürlich eine Kontaktaufnahme mit den Ureinwohnern. Bei den Indianern wiederum führte das erwachende Interesse der Weißen an ihrer Kultur zu einer Bestandsaufnahme als notwendige Voraussetzung einer Selbstdarstellung. Zwar hatten sich bereits 1835 Häuptling Black Hawk von den Sac und Fox sowie 1902 der Sioux-Arzt Charles (Ohijesa) Eastman als Indianer selbst dargestellt,[129] doch blieben ihre Autobiographien und Erzählungen Ausnahmen. Erst nach einem zunehmenden Verständnis der Weißen für die Indianer sahen diese sich in den dreißiger Jahren stärker ermutigt, ihre Lebensweise einer breiten Öffentlichkeit - nicht ohne Stolz - darzustellen. Da die Häuptlinge und Medizinmänner in der Regel kein Englisch sprachen, brachten ihnen gut bekannte weiße Freunde die Worte zu Papier. Auf diese Weise entstanden zahlreiche Autobiographien und Erzählungen. Eine der bekanntesten Autobiographien, die zugleich schon zu einer "klassischen Selbstdarstellung" der Indianer wurde, ist das von John G. Neihardt aufgezeichnete Werk "Black Elk Speaks".

Die Bestandsaufnahme und die daraus resultierende Selbstdarstellung führte in jüngster Zeit, nachdem die Indianer auch wieder einige Rückschläge durch politische Repressionen hinnehmen mußten, dazu, daß die Ureinwohner

---

[129] Charles Alexander Eastman (Ohijesa), *From the Deep Woods to Civilization* (Boston, 1916)

begonnen haben, über ihre Identität nachzudenken. Die
Frage "Wer oder was ist eigentlich ein Indianer?" beschäftigt längst nicht mehr allein weiße Anthropologen,
Historiker und Politiker. In zunehmendem Maße versuchen
die Indianer selbst, "sich zu verstehen":

> "To define the Native American is as impossible as
> it is to define the Jew - for many of the same
> reasons. However, just as a Jew knows he is a Jew
> because he recognizes himself within the framework
> of a historical-cultural setting that allows him
> identity, the Native American, the Indian, the
> Navajo - call him what you will - knows he is an
> Indian because the mystic tie to the land, the dim
> memory of his people's literature that has been
> denied him, the awareness of his relationship to
> Sakoiatison, Manitou, Huaca, Wakan (depending on
> his being Iroquois, Algonquian, Inca, or Sioux)
> somehow all manifest themselves within him and
> consistently call him back to his ancestors."130)

Das Selbstverständnis der Indianer basiert also auf
der Religion, der Tradition und der Kultur ihrer Vorfahren. Bei der Rückbesinnung auf diese Werte kommt
der Literatur die entscheidende Bedeutung zu, sie ist
das Verbindungsglied. Peek und Sanders haben diesen Wert
der Indianerliteratur erkannt:

> "In the vast body of his religious literature, pre-Columbian poetry, oratory, political documents, autobiographical literature, white forms, and voices of
> protest, he (Anm.: The Native American) hears that
> sum total of spiritual power of his people - Orenda - or
> that collective awareness William Butler Yeats called
> _spiritus mundi_, Carl Jung called the collective
> unconscious, and Sigmund Freud called racial memory."131)

Es ist somit nur logisch, daß sämtliche Werke der neuen
Indianerliteratur - von Black Elk bis Vine Deloria, Jr.
und Scott Momaday, also Autobiographien wie Poetik, Prosa

---

130) Th. Sanders/W. Peek, _Literature of the American Indian_, p. 10.

131) ibid., p. 10.

und politische Kritik - auf den indianischen Traditionen basieren. Während Black Elk aber über eine Darstellung dieser Traditionen noch nicht hinausgeht, versuchen die gegenwärtigen Indianerautoren, sie in ein neues Selbstverständnis umzusetzen, in dem sie die Traditionen nicht - wie immer zuvor geschehen - unbesehen übernehmen, sondern erstmals versuchen, ihren Ursprung zu ergründen. Dies impliziert zugleich einen kritischen Vergleich mit der Kultur und den Traditionen der weißen Gesellschaft, gegen die es die eigenen indianischen Traditionen abzugrenzen gilt.

Das Selbstverständnis wird also darüber hinaus zu einem Selbstbewußtsein - die Indianer werden sich zunehmend ihres eigenen Wertes bewußt - führt damit zu einer Änderung der "Kampfstrategie" der Indianer: hatten sie seit der Invasion der Europäer immer nur eine Verteidigungsstellung bezogen, sowohl was das Land als auch ihre Kultur betraf, so bahnt sich heute eine Wende zur Offensive an. Selbstdarstellung und Selbstverständnis sind die Voraussetzungen dazu, manifestiert in der neuen Literatur, die in Wechselwirkung zu diesen beiden Entwicklungen steht: ohne die Selbstdarstellung und das erwachende Selbstverständnis gäbe es keine Indianerliteratur, umgekehrt trägt diese durch ihre Verbreitung, insbesondere unter den gebildeten Indianern, dazu bei, das Selbstbewußtsein weiter zu festigen und zu stärken.

2. Die Visionen als Mittelpunkt indianischen Lebens

Der wesentliche Grund, warum die Indianer-Darstellungen weißer Autoren nicht den Realitäten entsprechen, lag in der Ignoranz der Weißen gegenüber den indianischen Traditionen, der Kultur und der Philosophie. Die Indianer wurden am Maßstab der weißen Gesellschaft gemessen, ihre Kultur galt als heidnisch und barbarisch. Zweifelsohne ist die indianische Kultur unterschiedlich von der christlich-abendländischen. Doch diese Differenz hätte von den Weißen schon früher überbrückt werden können, da die indianische Lebensanschauung zu nicht geringem Teil auf Idealvorstellungen basiert, die gar nicht so weit von denen des Christentums entfernt liegen und gerade in heutiger Zeit wieder zunehmend an Aktualität gewinnen.

Hartley B. Alexander war einer der wenigen Weißen, die die indianische Philosophie gründlich erforschten und versuchten, sie zu verstehen:

> "For a people whose culture is traditional rather than literate in its guidance, this expression takes from chiefly in ritual and art, which serve to objectify the broad pattern of its ideal of life, and so to vivify its philosophical understanding. Such has been the case with the North American Indian. His culture has been of the traditional type, with only the beginnings of literary record, and its reflective embodiment is to be found almost wholly in the elaborate ceremonials which incorporate the real man's conception of the natural world and of the human action which takes place within it."[132]

In den dreißiger Jahren waren Alexanders Ansichten zutreffend, denn es gab noch kaum literarische Darstellunggen der Indianer über ihre Philosophie. Heute dagegen vermitteln uns die diversen Autobiographien und Erzählungen der Ureinwohner einen tiefen Einblick in ihre Traditionen, die, wie Alexander richtig bemerkt, durch Riten und Zeremonien geprägt sind und die Basis der Lebensanschauung darstellen.

---

[132] Hartley B. Alexander, <u>The World's Rim: Great Mysteries of the North American Indians</u> (Lincoln, 1953) p. XV.

Bei der Bedeutung, die der Lebensphilosophie zukommt, muß diese zentrales Thema der literarischen Selbstdarstellungen der Indianer sein, als zwingende Voraussetzung eines Verständnisses der Indianerprobleme überhaupt. Im Mittelpunkt ihrer Weltanschauung steht die Natur, mit der jedes Individuum auf das Engste verknüpft ist. Eine direkte Verbindung zu den Kräften der Natur - Great Spirit, Wakan Tanka oder wie sie, regional und individuell verschieden - auch immer genannt werden - ist die Vision. Sie bestimmt oft das gesamte Leben einzelner Indianer - wie bei Black Elk und Lame Deer - und vermittelt Kraft und Macht: "If Wakan Tanka, the Great Spirit, would give me the vision and the power, I would become a medicine man and perform many ceremonies..."[133] Die Vision Black Elks bietet sich an dieser Stelle zu einer näheren Betrachtung an.

Als Neunjähriger hält sich Black Elk mit seinen Eltern und dem gesamten Stamm am Little Big Horn River auf, wo er eines Tages von einer Stimme gerufen wird. Am nächsten Tag wird der Junge plötzlich von einer mysteriösen Krankheit befallen: er kann nicht mehr laufen und der ganze Körper ist stark geschwollen. Man bringt ihn in das elterliche Tepee, wo er in einen Trancezustand fällt.

Zwei Männer erscheinen plötzlich am Zelteingang mit langen Speeren, von deren Spitzen Blitze zucken. Sie fordern Black Elk mit den Worten "Hurry! Come! Your Grandfathers are calling you!"[134] auf, ihnen zu folgen. Alle drei besteigen daraufhin eine Wolke und fliegen von dannen, bis sie zu einer großen weißen Ebene mit Wolken gleich schneebedeckten Hügeln und Bergen kommen, wo nur

---

[133] J. Lame Deer/R. Erdoes, <u>Lame Deer Seeker of Visions</u>, p. 12.

[134] John G. Neihardt, <u>Black Elk Speaks</u>, (New York, 1972^3), p. 19.

noch ein Flüstern zu hören ist. Ein rotbraunes Pferd, ständiger Begleiter Black Elks, ruft aus dem Westen zwölf Rappen mit Halsketten aus Bisonhufen herbei. Aus Richtung Norden erscheinen zwölf Schimmel. Anschließend kommen aus dem Osten noch zwölf Füchse[135] und aus dem Süden zwölf gelbbraune Pferde mit Hörnern und Mähnen, die wie Bäume und Gras wachsen. Nach einem Tanz verwandeln sich die Pferde in Tiere aller Arten und verschwinden wieder in die vier Himmelsrichtungen.

Als nächstes wird Black Elk in ein Tepee geführt, dessen Tür aus einem Regenbogen besteht. Dort sitzen sechs alte Männer in einer Reihe, von denen der älteste die Worte spricht: "Come right in and do not fear. Your Grandfathers all over the world are having a council, and they have called you here to teach you."[136] In diesem Moment erkennt Black Elk, daß er keine alten Männer vor sich hat, sondern die "Mächte der Welt": erstens die "Macht des Westens", zweitens die "Macht des Nordens", drittens die "Macht des Ostens", viertens die "Macht des Südens", fünftens die "Macht des Himmels"[137] und sechstens die "Macht der Erde". Dann spricht der erste "Großvater" wieder: "Behold them yonder where the sun goes down, the thunder beings? You shall see, and have from them my power; and they shall take you to the high and lonely center of the earth... even to the place where the sun continually shines, they shall take you there to understand."[138]

Dann kommt der erste "Großvater" mit einer Tasse Wasser, das Wasser ist der Himmel und spricht: "It is the power to make live, and it is Yours."[139] Anschließend über-

---

[135] amerik.: Sorrel Horse
[136] ibid., p.21
[137] amerik.: the Power of the Sky
[138] ibid., p.22.
[139] ibid., p.22.

reicht er Black Elk einen Bogen, mit dem dieser die
Macht zur Zerstörung ebenfalls erhält. Danach bekommt
der junge Indianer auch die Aufgaben und Gaben der
anderen Mächte: der "Großvater des Nordens" erklärt
"on earth a nation you shall make live",[140] der
"Großvater des Ostens" prophezeit Black Elk eine Reise
über die Erde voraus und überreicht ihm eine Friedenspfeife, mit der er alles Kranke gesund machen könne.
Der "Großvater des Südens" überreicht ihm den Lebensbaum, den Black Elk zum Blühen bringen solle und er
warnt den Jungen vor der "Schwarzen Straße", die vom Westen in den Osten führe und Unglück bringe; Black Elk
solle sich mit seiner Nation möglichst auf der "Roten
Straße" des Guten, die vom Norden zum Süden führe, auf-
halten.

Der fünfte Großvater, der älteste von allen, schenkt
Black Elk die Macht des Himmels, so daß fortan alle
Sterne und Winde seine Verwandten sind und der sechste
"Großvater der Erde" schließlich sagt das Unglück, das
über die Sioux kommen sollte, voraus: "... your nation
on the earth will have great troubles."[141] Nachdem auch
er Black Elk seine Kraft gegeben hat, wird dieser von
den Pferden zu einem Ritt auf der "Black Road" mitge-
nommen.

Begleitet von den zwölf schwarzen Pferden kommt Black
Elk als Regen zur Erde und besiegt mit Hilfe der sechs
Großväter hier zunächst die Dürre. Als nächstes gelangt
er in ein Dorf, wo alle Menschen krank in ihren Tepees
liegen. Eine Stimme fordert ihn auf, in den "Ring der
Nation" den roten Stock[142] zu pflanzen und dem Volk die

---

[140] ibid., p. 22.

[141] ibid., p. 23.

[142] gemeint ist der Lebensbaum

Friedenspfeife und die Kraft des Großvaters des Nordens
zu geben. Black Elk erfüllt diese Forderungen und bald
sprießt der Lebensbaum, umgeben von der Kraft des Nord-
windes und dem Frieden, den die Pfeife ausstrahlt. Dann
spricht die Stimme: "Behold the circle of the nation's
hoop, for it is holy, being endless, and thus all powers
shall be one power in the people without end."[143]

Nachdem sich das Volk dann auf den Weg der "Roten Straße"
gemacht hat, muß es vier Steigungen bezwingen. Die erste
ist noch leicht und führt durch grünes Land, die zweite
ist schon wesentlich steiler. Hier verwandeln sich plötzlich alle Menschen in Elche und Bisons. Bei der dritten
Steigung verwandelt sich die "Rote Straße" plötzlich in
die "Schwarze Straße" und schwarze Wolken ziehen auf.
Viele der verwandelten Menschen haben plötzlich eigene
Visionen und Regeln denen sie folgen; dadurch entsteht
eine große Verwirrung. Black Elk hört den Kriegswind.
Auf dem Gipfel der dritten Steigung zerbricht der "Ring
der Nation" und damit stirbt auch der Lebensbaum ab.
Beim Anstieg zur vierten Steigung nehmen die Menschen
ihr ursprüngliches Aussehen wieder an, doch sind sie wie
ihre Pferde nur noch Haut und Knochen. Bevor sie jedoch
den Gipfel der vierten Steigung erreichen, werden sie
noch einmal mit Büffeln und besonderen Kräutern gestärkt.

Die Ereignisse, die auf dem Gipfel geschehen, erinnern
in ihrer Schilderung an die Apokalypse in der Bibel.
"It was like rapid gun-fire and like whirling smoke,
and like women and children wailing and like horses
screaming all over the world."[144] In dieser Situation
trifft Black Elk auf einen schwarzen Hengst, dem alle
Pferde unterstehen. Er ruft aus den vier Himmelsrichtungen

---

[143] ibid., p. 29.

[144] ibid., p. 33.

wieder alle Pferde herbei. Gleichzeitig erscheinen
vier wunderschöne Jungfrauen, aus dem Norden, Osten,
Süden und Westen und alle beginnen zu tanzen. Die Jungfrauen halten die Tasse mit Wasser, den Adlerflügel,
die Pferde und den Ring in den Händen. Black Elk wird
vom Zentrum der Welt noch einmal zu den sechs Großvätern
zurückgerufen, wo er diese Dinge zurückerhält. Er hat
nun seine Bewährungsprobe bestanden und wird zu seinem
Volk zurückgeschickt. Nach zwölf Tagen Bewußtlosigkeit
wacht der neunjährige wieder im Tepee seiner Eltern auf
und hat eine schwere Krankheit überstanden.[145]

Die Vision Black Elks ist sicher mehr als ein Alptraum
oder eine Fieberphantasterei, finden sich darin doch
alle wesentlichen Sioux-Symbole wieder: die Farben für
die einzelnen Himmelsrichtungen - schwarz oder blau für
den Westen, weiß für den Norden, dunkelrot für den Osten
und gelb für den Süden - wie die heilige Zahl vier, denn
vier Dinge sind für das Universum entscheidend - Erde,
Luft, Wasser und Feuer.[146]

Auch die Handlung ist in der Vision Black Elks klar
gegliedert:

1. Die Stimmen erscheinen
2. Die beiden bewaffneten Männer kommen
3. Der Flug auf der kleinen Wolke
4. Ankunft im Himmel (Wolkenland)
5. Das rotbraune Pferd, das ständig bei
   Black Elk ist, tritt auf
6. Die "Pferde-Vision"
   a) Schwarze Pferde
   b) Weiße Pferde
   c) Rote Pferde
   d) Gelbe Pferde
7. Tanz der Pferde (Kommunikation)
8. Die Ankunft im "Regenbogen-Tepee", dem Zentrum
   der Vision, als Höhepunkt

---

[145] vgl. J. Neihardt, Black Elk Speaks, p. 17 - 39.
[146] J. Lame Deer/R. Erdoes, Lame Deer Seeker of Visions, p.116.

a) Macht des Westens
b) Macht des Nordens
c) Macht des Ostens   geben Prophezeiungen
d) Macht des Südens   Geschenke
e) Macht des Himmels   Transformationen
f) Macht der Erde

9. Die Stimme befiehlt den Aufbruch, um die Bewährungsprobe zu bestehen
10. Die Vision der "Schwarzen Straße"
11. Die Vision der "Roten Straße"
12. Der Pferdetanz
13. Die Vision vom Zentrum der Welt
14. Der Triumph und der Abschied von den sechs Männern
15. Die Rückkehr nach Hause

Betrachtet man die Handlung der Black Elk-Vision einmal so schematisch, dann drängen sich Parallelen zu Beschreibungen in der weißen Literatur auf. Erinnert der Ritt Black Elks über die schwarze und rote Straße nicht entfernt an die Irrfahrten des Odysseus, der auf seiner langen Reise ebenfalls alle Arten von Widrigkeiten bekämpfen mußte? Es lassen sich nicht nur gewisse Parallelen in der Handlung feststellen, sondern auch die Motive scheinen vergleichbar: beide Male wird ein Mensch von den Göttern auf die Probe gestellt und besteht sie.[147]

Während in der Vergangenheit - wie bei Black Elk - Visionen jedoch als unabänderliche Aufträge, die man zu erfüllen hatte, hingenommen wurden, versucht Whitman zum

---

[147] Ähnliche Vergleiche lassen sich auch mit Virgils Äneis, Dantes Göttlicher Komödie und Miltons Paradise Lost anstellen. So läßt der Erzengel Michael in den beiden letzten Büchern von Paradise Lost Adam in Visionen eine optimistische Zukunft, in der "Heilung" möglich ist, schauen. Auch in zahlreichen modernen Werken der weißen Literatur ist die Vision Gegenstand der Handlung, so in Blakes "A Vision", in Thoreaus "Walden", in Whitmans "Leaves of Grass" oder in Yeats "A Vision".

Beispiel, Visionen logisch und rational zu sehen und sie sich durch Worte klar zu machen. Bei dieser Betrachtungs- und Darstellungsweise von Visionen tritt indessen der religiöse Aspekt, wie er von der Odyssee bis Paradise Lost und bei den Indianern vorhanden ist, immer mehr in den Hintergrund.[148]

Die Vision als Thema in der Literatur ist also nicht neu, wenn sie auch in den meisten Werken weißer Autoren nicht so deutlich wie bei indianischen Autoren herausgestellt wird. Um dies zu verstehen, muß man sich die Bedeutung der Vision für den einzelnen Indianer vor Augen führen: Für Black Elk bedeutet die Reise zu den sechs Mächten der Welt eine religiöse Erscheinung, gleichsam der eines Heiligen in der katholischen Kirche. Die Vision bestimmt sein Leben, er hat von den sechs Mächten den Auftrag erhalten, seinem Volk zu helfen und führt seinen Auftrag aus.

So erlebt der Krieger und Medizinmann den Weg seines Volkes auf der "Roten Straße" mit, die zum Sieg der Indianer über die Weißen am Little Big Horn in der schon legendären Schlacht gegen "Longhair" Custer führte.[149] Doch er wird auch Zeuge des langen Marsches auf der "Schwarzen Straße", der schließlich mit dem gräßlichen Massaker von Wounded Knee im Jahre 1890 endete.[150] Völlig verzweifelt sucht Black Elk nach neuen Visionen, um wieder Kontakt zu den Mächten der Welt aufzunehmen.[151] Doch diese "Einzelvisionen", wie sie auch schon in der "Großen Vision" selbst auftreten,[152] führen nicht zum

---

[148] Die vorangegangenen Ausführungen beziehen sich zum Teil auf eine Diskussion im Seminar "American Indian Literature" von Professor Gerhard D. Zeller im Wintersemester 1974 im New York State University College Oswego, N.Y.

[149] J. Neihardt, Black Elk Speaks, p. 88 - 109.

[150] ibid., p. 217 - 223.

[151] ibid., p. 151 - 157, 203 - 210.

[152] vgl. p. 69, Die Pferdevision, die Visionen der schwarzen und roten Straße, die Vision vom Zentrum der Welt.

Erfolg. Immer noch von der Pflichterfüllung inspiriert, seinem Volk helfen zu müssen, versucht Black Elk, bei den Weißen die Ursachen der Macht zu erforschen und unternimmt zu diesem Zweck eine Reise nach Europa, von wo die Macht der Weißen ihren Anfang nahm.[153] "... There, I could compare my people's ways with the Wasichu's[154] ways, and this made me sader than before.... They had forgotten, that the earth was their mother."[155] Black Elk kann jedoch die Quellen der "weißen Macht" nicht finden und sein Leben endet folglich in Resignation. Er muß einsehen, daß er nichts mehr für sein Volk tun kann, daß die Große Vision nicht die erwünschte Wirkung hatte. So wendet er sich nun an die Öffentlichkeit, um sein bislang streng gehütetes Geheimnis preiszugeben.

> "...now, that I can see it all as from a lonely hilltop, I know it was the story of a mighty vision given to a man too weak to use it; of a holy tree that should have flourished in a people's heart with flowers and singing birds, and now is withered; and of a people's dream that died in bloody snow. But if the vision was true and mighty, as I know, it is true and mighty yet; for such things are of the spirit, and it is in the darkness of their eyes that men get lost.
> So I know that it is a good thing I am going to do."[156]

Die Selbstdarstellung, Black Elks von <u>den</u> Indianern, ist typisch für seine Zeit. Noch sind die Wunden der blutigen Auseinandersetzungen zwischen Weißen und Indianern nicht vernarbt, noch lebt die Generation, die diese Ereignisse miterlebt hat, und Black Elk ist einer von ihnen. Er ist auch Zeuge des trostlosen Lebens in den Reservaten, in

---

[153] J. Neihardt, <u>Black Elk Speaks</u>, p. 182/183.
[154] Wasichu = Weiße
[155] ibid., p. 184.
[156] ibid., p. 1/2.

denen sich die Stämme, die vorher jahrtausendelang
durch die Prairie gezogen waren, einfach wie im Gefängnis vorkommen mußten. Vor diesem Hintergrund
wird seine tiefe Resignation verständlich.

> "And I can see that something else died there in
> the blood mud, and was burried in the blizzard.
> A people's dream died there. It was a beautiful
> dream."157)

In der Selbstdarstellung, die Black Elk seinem einzigen
weißen Freund Neihardt anvertraut, hofft er, daß nun,
nachdem sich der "Triumph" aus der Großen Vision nicht
erfüllt hat, sein Volk doch noch eine Blüte erlebt.
Man könnte von einem langsam keimenden ersten Optimismus sprechen, der vor einem sich allmählich ändernden
historischen und politischen Hintergrund entsteht:

> "Again, and maybe the last time on this earth, I
> recall the great vision you sent me. It may be
> that some little root of the sacred tree still
> lives. Nourish it then, that it may leaf and
> bloom and fill with singing birds. Hear me, not
> for myself, but for my people; I am old. Hear me
> that they may once more go back into the sacred
> hoop and find the good red road, the shielding
> tree!
> ... O Six Powers of the World. Hear me in my sor-
> row, for I may never call again. O make my people
> live."158)

Black Elks Vision nimmt innerhalb der indianischen Literatur eine besondere Stellung ein. Sie ist in ihrer Geschlossenheit und Fragestellung nach dem Sinn des Lebens
und dem "Wohin" schon fast eine universelle Lehre. Fast
alle Indianer haben einmal Visionen, die, wie sie betonen,
aus dem Inneren heraus kommen und keinesfalls mit Träumen,
sondern eher mit einem "elektrischen Schock" verglichen

---

157) ibid., p. 230.
158) ibid., p. 233/234.

werden können.[159]

Viele der indianischen Mythen, die philosophische und theologische Themen zum Inhalt haben, sind ursprünglich Visionen einzelner Denker unter den Stammesmitgliedern gewesen. Sie wurden meistens mündlich überliefert und später zum Teil auch niedergeschrieben. Allein von daher wird ersichtlich, welche zentrale Stellung Visionen im indianischen Leben haben. Das gilt auch noch für die Gegenwart. Trotz allem technischen Fortschritt auch in den Reservationen sind die geistigen Grundlagen der Vergangenheit geblieben; sie werden im Zeichen des neuen Selbstbewußtseins konserviert und fortgeführt. Ein Beispiel dafür ist die Autobiographie "Lame Deer Seeker of Visions", die Ende der sechziger/ Anfang der siebziger Jahre entstand. Im Vergleich zu Black Elk erlebt der Medizinmann Lame Deer seine Vision jedoch nicht durch Zufall. Er wandert - getreu altem Brauch - allein für vier Tage auf einen Berggipfel, um sie dort, ausgestattet mit den für diesen Ritus wichtigen Symbolen, der Friedenspfeife, einer besonderen Wolldecke und einem mit Hautstückchen gefüllten Flaschenkürbis,[160] zu suchen. Erst nach zahlreichen Gebeten an den "Grandfather Spirit" hört auch Lame Deer mehrere Stimmen, die ihm sagen, er solle gemäß seinem Wunsch, Medizinmann werden. Außerdem erscheinen dem Sechzehnjährigen, der durch dieses Zeremoniell den Status eines erwachsenen Mannes erhält, seine Großväter.[161]

Im Gegensatz zu der Vision Black Elks ist die Lame Deers keineswegs in sich geschlossen und prägt auch nicht dessen gesamtes Leben. Zwar hat die Vision auch für Lame Deer die Funktion einer direkten Verbindung zum "Great

---

[159] J. Lame Deer/ R. Erdoes, Lame Deer Seeker of Visions, p. 61 f.

[160] amerik.: gourd.

[161] vgl. J. Lame Deer/R. Erdoes, Lame Deer Seeker of Visions, p. 11 - 16.

Spirit", doch zeigt sein ständiges Suchen nach <u>der</u>
Großen Vision, das bereits im Titel der Autobiographie
angedeutet wird, daß Black Elks Erlebnis von großer
Seltenheit ist. Für Lame Deer ist die Vision Teil der
philosophisch-theologischen Weltanschauung der Indianer.

3. Die Lebensphilosophie der Indianer

a) Religion und Mythos

Religion und Weltanschauung der Indianer waren den weißen
Europäern lange Zeit ein Rätsel. Wie erwähnt war es einerseits schwierig, Gedichte oder Mythen von der Sprache
her zu verstehen, andererseits fiel es den Weißen kaum
leichter, mit dem Inhalt etwas anzufangen. Erst in neuerer
Zeit, seit der Jahrhundertwende, gelang es, Indianerliteratur der Vergangenheit, die fast ausschließlich
religiöse und philosophische Themen zum Inhalt hatte,
schriftlich oder phonographisch festzuhalten. In den
Jahrhunderten zuvor hatten lediglich einige Missionare
wenige ausgewählte Gesänge niedergeschrieben. Da die
Ausbreitung des Christentums ihr wichtigstes Anliegen
war, änderten sie die indianischen Texte teilweise um.
Diese christliche Einflußnahme fällt heute sofort auf,
so zum Beispiel in dem "Buch der Riten" der Irokesen,
wo die Zeile "Gott hat diesen Tag anberaumt" eingefügt
wurde.[162] Somit haben erst die modernen Aufzeichnungen
wissenschaftlichen Wert.

Es gibt deren zwei Arten: jene Niederschriften von Gedichten und Mythen, die von den Indianern direkt oder
über Dolmetscher indirekt in Englisch oder anderen europäischen Sprachen verfaßt wurden und die von Ureinwohnern

---

[162] A. Grove Day, <u>Aufhellender Himmel</u>, p. 27.

diktierten und in der Originalsprache aufgezeichneten Werke.[163] Auch Boas betont in seinem Aufsatz über "Mythology and Folk-Tales of the North American Indians", daß die beste Übersetzung uns kein Material für literarische Studien vermitteln könne, da es häufig kaum möglich sei, die wesentlichen Eindrücke der Erzählungen im Englischen richtig wiederzugeben.[164]

Für die Indianer haben diese Erzählungen eine wesentliche Bedeutung, beinhalten sie doch die Schwerpunkte ihrer Theologie, Philosophie und Geschichte, wobei sie die Mythen in zwei Gruppen unterteilen:

> "In the mind of the American native there exists almost always a clear distinction between two classes of tales. One group relates incidents which happened at a time when the world had not yet assumed its present form, and when mankind was not yet in possession of all the customs and arts that belong to our period. The other group contains tales of our modern period. In other words, tales of the first group are considered as myths; those of the other, as history.
> ... The mythical tales belong to a period that is long past, and cannot be repeated in our world, although the expectation may exist of a renewal of mythical condition in the dim future."[165]

Als Boas diese Zeilen 1914 schrieb, gab es noch so gut wie keine eigenständige Indianerliteratur, vor allem fehlten den Weißen zu dieser Zeit genauere Kenntnisse über die indianische Lebensphilosophie, die zum Verständnis der Erzählungen, Mythen und Gedichte notwendig sind- Diese Lücke wurde erst in der Gegenwart durch die Selbstdarstellungen der Indianer geschlossen.

---

[163] Franz Boas, Mythology and Folk-Tales of the North American Indians in: <u>Journal of American Folklore</u> (27,1914) p. 374.

[164] ibid., p. 375.

[165] ibid., p. 377/378.

Während uns Black Elk einen Einblick in die Bedeutung
der Vision vermittelt, stellt Lame Deer die Religion
und Weltanschauung seines Stammes detailliert vor. Hieran
zeigt sich der bedeutende zeitliche Unterschied zwischen
diesen beiden Autobiographien von Sioux-Medizinmännern:
Black Elk trauert jenen Zeiten nach, als der Kampf Rot
gegen Weiß noch mit den Waffen ausgetragen wurde.
Seine Autobiographie soll allein den Zweck verfolgen,
die Große Vision als Vermächtnis zu hinterlassen. Lame
Deer dagegen hat nie etwas anderes als das Leben im Reservat kennengelernt. Sein Kampf gegen die Weißen ist
ein listenreiches Wortgefecht. Wenn er, fast vierzig
Jahre später, einen Schritt weiter geht als Black Elk
und die Lebensphilosophie seines Volkes darstellt, so
geschieht dies auch mit dem Gefühl einer positiveren
Einstellung der Weißen gegenüber den Indianern. So betrachtet Lame Deer vor allem das Verhalten junger Weißer,
zum Beispiel von Hippies und Jesus People, als Beginn
einer toleranteren, verständnisvolleren Haltung.
Dennoch bleibt - ähnlich wie bei Vine Deloria Jr. -
einiger Argwohn zurück.[166]

Breiten Raum nimmt bei Lame Deer die Darstellung der
religiösen Symbolik ein. So finden sich in seinem Werk genaue Erklärungen der Friedenspfeife, der Zahlen, Farben,
Tiere und Zeichen, die das indianische Leben bestimmen.
Über die Friedenspfeife, die übrigens auch bei Black Elk
schon beschrieben wird, heißt es:

> "To us the pipe is like an open Bible. White people
> need a church house, a preacher and a pipe organ to
> get into a praying mood. ... We think you can't have
> a vision that way. For us Indians, there is just the
> pipe, the earth we sit on and the open sky... That
> smoke from the peace pipe, it goes straight up to

---

[166] J. Lame Deer/R. Erdoes, <u>Lame Deer Seeker of Visions</u>, p. 113 und 162.

> the spirit world. But it is a two-way thing.
> Power flows down to us through that smoke,
> through the pipe stem. You feel that power as
> you hold your pipe; it moves from the pipe into
> your body. ... As long as we had the pipe, there
> would be a Sioux nation."[167]

Ähnlich bedeutungsvoll sind Symbole - Zahlen, Farben, Zeichen - für die Indianer:

> "We Indians live in a world of symbols and images
> where the spiritual and the commonplace are one.
> To you symbols are just words, spoken or written
> in a book. To us they are part of the nature, part
> of ourselves - the earth, the sun, the wind and
> the rain, stones, trees, animals, even little in-
> sects like ants and grasshoppers. We try to under-
> stand them not with the head but with the heart.
> To our way of thinking the Indians' symbol is the
> circle, the hoop. Nature wants things to be round.
> The bodies of human beings and animals have no
> corners. With us the circle stands for the togeth-
> erness of people who sit with one another around the
> campfire... while the pipe passes from hand to
> hand.
> ... The nation was only part of the universe, in
> itself circular and made of the earth, which is
> round, of the sun, which is round, of the stars
> which are round... To us this is beautiful and
> fitting, symbol and reality at the same time,
> expressing the harmony of life and nature. Our
> circle is timeless, flowing; it is new life
> emerging from death - life winning out over death"[168]

Weitere heilige Symbole sind die Felsen, insbesondere jene, aus denen man den "red pipestone" gewinnt; denn dieser stellt mit seiner Farbe das Blut des Stammes dar.[169] Heilig ist die Zahl vier (das Universum besteht aus vier Elementen): Erde, Wasser, Luft und Feuer, und die Zahl sieben, "representing the seven

---

[167] ibid., p. 12/13.
[168] ibid., p. 112.
[169] ibid., p. 113.

campfire circles of the Sioux Nation, the seven
sacred rites, the seven bands of the Teton Sioux..."[170]
Eine ähnliche heilige Symbolik kommt auch den Farben zu, die Lame Deer jedoch etwas unterschiedlich zu Black Elk[171] definiert:

> "Black represents the west; red, the north;
> yellow, the east; white, the south. Black is
> night, darkness, mystery, the sun that has
> gone down. Red is the earth, the pipestone, the
> blood of the people. Yellow is the sun as it rises
> in the east to light the world. White is the snow.
> White is the glare of the sun in its zenith.
> Red, white, black, yellow - these are the true
> colours. They give us the four directions; you
> might also say a trail toward our prayers. One
> reason we are so fascinated with these colors
> is that they stand for the unity of man - for
> the black race, the scarlet race, the yellow
> race, the white race as our brothers and sisters."[172]

Die hier bedeutende Differenz zwischen Black Elk und Lame Deer bezüglich der Farben zeigt deutlich, daß bei den einzelnen Stämmen und sogar Stammesgruppen zwar detaillierte Unterschiede in der Symbolik bestehen, die Grundsätze von Theologie und Lebensphilosophie jedoch gleich sind. Bei einem Vergleich der Werke Lame Deers und Black Elks wird auch deutlich, daß Black Elk die indianische Symbolik nicht erklärt, sondern deren Verständnis einfach voraussetzt, während sich Lame Deer ganz bewußt an die weiße Leserschaft richtet. Dies wird nicht zuletzt in seinen Vergleichen der indianischen Religion und Philosophie mit der heutigen Lebensart der Weißen deutlich:

---

[170] ibid., p. 116.
[171] vgl. p. 68.
[172] J. Lame Deer/R. Erdoes, <u>Lame Deer</u>, p. 116/117.

"The white man's symbol is the square. Square
is his house, his office building with the walls
that seperate people from one another. Square
is the door which keeps strangers out, the dollar
bill, the jail. Square are the white man's gadgets -
boxes, boxes and more boxes - TV-sets, radios,
washing machines, computers, cars. These all have
corners and sharp edges - points in time, white
man's time, with appointments, time clocks and
rush hours - that's what the corners mean to
me. You become a prisoner inside all these boxes."[173]

Hier wird die Darstellung zur Abgrenzung, zur Kritik an den Weißen. Jedesmal, wenn Lame Deer indianische Theologie und Lebensphilosophie beschreibt, folgt im nächsten Satz der Kontrast zur Weltanschauung der Weißen. Eine derartige kritische Gegenüberstellung wäre für Black Elk noch unvorstellbar gewesen.

Nicht nur in der Darstellung der Symbolik geht Lame Deer einen Schritt weiter, auch das indianische Religionsverständnis mit seinen Grundsätzen wird in seiner Autobiographie wesentlich stärker betont als bei Black Elk, in dessen Werk Ausführungen über die allgemeinen Glaubensvorstellungen der Sioux nur gelegentlich angedeutet werden. Daraus, daß die Darstellungen der indianischen Lebensphilosophie bei Lame Deer ständig mit denen der Weißen - oder, vorsichtiger ausgedrückt, den Vorstellungen, die Lame Deer darüber bekannt sind - kontrastiert werden, kann man wohl schließen, daß sich Lame Deers Darstellungen - im Gegensatz zu denen Black Elks - vor allem an den weißen Leser richten:

"Nothing is so small and unimportant but it has a
spirit given to it by Wakan Tanka... The gods are
seperate beings, but they are all united in Wakan
Tanka. It is hard to understand - something like

---

[173] ibid., p. 112/113.

> the Holy Trinity. You can't explain it except
> going back to the "circles within the circles"
> idea, the spirit splitting itself up into
> stones, trees, tiny insects even, making them
> all <u>wakan</u> by his everpresence. And in turn all
> these myriad of things which make up the universe
> flowing back to their source, united in the
> one Grandfather Spirit."[174]

Wer aber ist dieser Wakan Tanka wirklich? "He is not like a human being, like the white god. He is a power. That power could be in a cup of coffee. The Great Spirit is no old man with a beard",[175] antwortet ein alter Medizinmann, als der seinerzeit noch junge Lame Deer diese Frage an ihn stellte. Noch heute, fünfzig Jahre, später fällt die Antwort, die zwei indianische Intellektuelle wie Peek und Sanders geben, nicht anders aus:

> "Wah'kon-tah is not, however, the personifiable
> deity as is Elohim. All things exist <u>in</u> Wah'kon-tah
> and Wah'kon-tah exists <u>in</u> all things." [176]

Allerdings, so führen Peek und Sanders weiter aus, sei der Begriff Wah'kon-tah so abstrakt, daß er für Nicht-Indianer kaum faßbar sei.

> "It is 'the Great Mystery', somewhat akin to Ralph
> Waldo Emerson's concept of the Over-Soul, that trans-
> cendental concept derived from Eastern mysticism and
> chronically misunderstood by American literature
> students, completely unfamiliar to the great mass of
> Americans:'The soul knows only the soul; the web of
> events is the flowing robe in which she is clothed...
> One made of the divine teaching is the incarnation
> of the spirit in a form - in forms, like my own. I
> live in society; with persons who answer to thoughts
> in my own mind, or express a certain obedience to

---

[174] ibid., p. 114.

[175] ibid., p. 39/40.

[176] The Sanders/W. Peek, <u>Literature of the American Indian</u>, p. 17.

> the great instincts to which I live. I see its
> presence in them, I am certified of a common nature;
> and these other souls, these seperated selves,
> draw me as nothing else can'."[177]

Doch ist das Ringen um Begriffe wie Seele und Gott
- auf die christlichen Religionen übertragen - wirklich
uns Weißen so unbekannt? Lame Deer aber auch Peek und
Sanders ignorieren alle Ansätze der modernen Theologie,
wenn sie vom Christengott als von einem alten Mann mit
langem weißen Bart sprechen. Wo steht denn eigentlich,
wie Gott aussieht? Heißt es in der Bibel nicht ausdrücklich "Du sollst Dir kein Bildnis machen"[178]
und definiert nicht Johannes Gott als ein unvorstellbares Wesen[179]. Somit liegt doch wohl der Verdacht
nahe, daß das Bild, das den genannten Indianer-Autoren
vom Christentum und Gott vorschwebt, dem der Kolonialzeit entspricht, als derartige Gottesvorstellungen noch
weit verbreitet waren.

Eine Seele gibt es in der christlichen Vorstellung ebenso wie in der indianischen. Obwohl Theologen wie Philosophen seit altersher versuchen, diesen Begriff zu erklären, gibt es doch bis heute auch unter Christen keine
eindeutige Definition der "Seele". Außerdem sind die
religiösen Symbole der Indianer ebenfalls nicht so verschieden von den christlichen. So erinnert der "Lebenszirkel" der Indianer, der von Lame Deer ausführlich beschrieben wird, stark an die mittelalterliche Vorstellung
vom Fortunarad. Er stellte das menschliche Leben als ein
ewiges Auf und Ab dar und findet sich häufig in der
frühneuzeitlichen englischen Literatur - insbesondere
auch bei Shakespeare -.[180]

---

[177] R.W. Emerson, The Over-Soul in: *Essays*, 1887 zitiert bei Th. Sanders/W.Peek, *Literature of the American Indian*, p. 15/16.

[178] *Die Heilige Schrift des Alten und des Neuen Testaments*, Zürcher Bibel, (Württembergische Bibelanstalt Stuttgart, 1966), 2.Mose.

[179] vgl. ibid., Johannes 14,8 f.

[180] vgl. Shakespeare, *Richard III*, (Cambridge, 1971) p.57,75,103.

Weitere Parallelen zum Christentum drängen sich bei
den Visionen und Zahlen auf, für die es auch in der
Bibel Vergleiche gibt: so sieht Joseph die sieben
fetten und sieben mageren Jahre voraus, Moses hat
seine Visionen zur Rettung des Stammes Israel und
im Neuen Testament ist die Johannes-Offbarung nichts
anderes als eine Vision. Nicht zu vergessen seien
die Propheten des Alten Testaments, die ebenfalls
Visionen hatten und diese interpretierten. Zur Zeit
des Alten Testaments kam der Vision eine ähnliche
Bedeutung zu wie es heute noch bei der Mehrzahl der
Indianerstämme der Fall ist, wo ebenfalls einzelne
"Seher" Weissagungen für die Zukunft machen. Dagegen
hat die Vision oder Prophezeiung für das Christentum
in der Gegenwart nicht mehr den Stellenwert, den sie
für die Indianer hat, sondern der direkte Kontakt
zu Gott wird durch das persönliche Gebet gesucht.

Ein weiterer Unterschied zum Christentum ist das Fehlen
einer "Bibel" als Manifest der Religion bei den Indianern. Die von Lame Deer beschriebene Friedenspfeife ist
dafür wohl nur ein spärlicher Ersatz - zumindest aus
weißer Sicht - baut doch eine Religion auf Gesetze, Traditionen, Historie, Mythen und Heilsverkündung auf. Da
es aber bislang bei den Indianern hierüber nur mündliche
Oberlieferungen gab, blieb eine Lücke, die sich erst
jetzt allmählich - durch die Selbstdarstellungen der
Indianer und die Aufzeichnung ihrer Mythen und Erzählungen - schließt.

Es gibt weitere Unterschiede zwischen dem Christentum
und den indianischen Religionen. Zwar ist Gott kein
"alter Mann", er ist aber auch nicht irgendein "Großer
Geist", der wie Wakan Tanka in jedem Molekül und Atom
vorhanden ist. Im Gegensatz zur indianischen Religion

und Philosophie, in der Mensch, Natur und Wakan Tanka
in einem Zirkel zu einer Einheit verschmolzen sind,
heißt es in der Bibel, daß Gott den Menschen als
seinen Partner auf Erden schuf, damit dieser sich
die Welt untertan mache und die Verantwortung dafür
übernehme.[181] Diese Einstellung impliziert, daß der
Mensch Tiere, Pflanzen und die gesamte Technik zu
seinem persönlichen Vorteil nutzt. Demgegenüber sehen
die Indianer in allen anderen Lebewesen, ja in der gesamten Natur einschließlich aller Materie einen gleich-
rangigen Partner, mit dem es sich zu arrangieren gilt.[182]
Dies schließt natürlich nicht aus, daß man auf einem
Pferd reitet oder Büffelfleisch ißt, doch würde es
keinem Indianer einfallen, eine Massenschlächterei wie
Buffalo Bill zu veranstalten, "denn auch die Büffel
sind Brüder".[183]

Somit ist auch die Frage, ob jedes natürliche Ding
eine Seele hat, für einen Indianer schnell beantwortet:
"All things have <u>nagi</u> - soul. Rocks and animals have
the power to appear in the form of man, and to speak
to man in dream or in vision. It is from Wakan-Tanka
that they have power and wisdom."[184] Demgegenüber ist
der Begriff "Seele" beim Christentum eindeutig auf den
Menschen beschränkt.

Sind aber die tiefgreifenden Unterschiede zwischen der
indianischen und christlichen Glaubensauffassung über-
brückbar? Obwohl viele Ureinwohner Amerikas in den
vergangenen Jahrhunderten missioniert wurden, ist ein
letzter Zweifel am Christentum immer geblieben. Selbst

---

[181] vgl. <u>Die Heilige Schrift des Alten und des Neuen Testaments</u>, Genesis I, 28 f.

[182] J. Lame Deer/R. Erdoes, <u>Lame Deer Seeker of Visions</u>, p. 138.

[183] ibid., p. 122.

[184] White Bone, Iron Bird u. Standing Bear, "Songs of the Dakotas", in <u>The Indians' Book</u> (New York,1968), p. 60 - 61 zitiert bei Th. Sanders/W. Peek, <u>Litera-ture of the American Indian</u>, p. 16.

die christlichen Indianer sind nach der Taufe insgeheim ihrer Religion verbunden geblieben. Symbolisiert wird dies durch die Friedenspfeife, die in der katholischen Kirche von Pine Ridge neben dem Kreuz über dem Altar hängt. Die Indianer bleiben dem Christentum gegenüber reserviert,[185] wenngleich sie es nicht grundsätzlich ablehnen.

> "We believe all religions are really the same - all part of the Great Spirit. The trouble is not with Christianity, with religion but with what you have made out of it."[186]

An anderer Stelle wird die Kritik Lame Deers an den Auswüchsen des Christentums noch deutlicher:

> "I respect other religions, but I don't like to see them denatured and made into something else. You've made a blondie out of Jesus... Jesus was a Jew. He wasn't a yellow-haired Anglo. I'm sure he had black hair and dark skin like an Indian. The white ranchers around here wouldn't have let him step out with their daughters... His religion came out of the desert in which he lived, out of his kind of mountains, his kind of animals, his kind of plants. You've tried to make him into an Anglo-Saxon Fuller Brush salesman, a long-haired Billy Graham in a fancy night shirt, and that's why he doesn't work for you anymore."[187]

Vor allem die Verfälschung des Christentums wird von Lame Deer angeprangert. Sie habe dazu geführt, daß "Menschen an dem Punkt angelangt sind, wo sie nicht mehr länger wissen, warum sie eigentlich existieren."[188] Damit wird die religiöse Kritik zur Gesellschaftskritik, wie sie nur jemand üben kann, der, wie Lame Deer, enge Berührung mit den Weißen

---

[185] J. Lame Deer/R. Erdoes, Lame Deer, p. 217.
[186] ibid., p. 216.
[187] ibid., p. 162.
[188] ibid., p. 157.

hatte und jahrelang mit ihnen zusammenlebte.
Erneut wird deutlich, wie die reine Selbstdarstellung
Black Elks bei Lame Deer zu einem Selbstverständnis
geführt hat, was besonders für seine Abgrenzung zum
Christentum gilt:

> "...there is a difference, and there will always
> be a difference, as long as one Indian is left
> alive. Our beliefs are rooted deep in our earth,
> no matter what you have done to it and how much
> of it you have paved over. And if you leave all
> that concrete unwatched for a year or two, our
> plants, the native Indian plants, will pierce
> that concrete and push up through it."[189]

Nur bei Berücksichtigung dieses wesentlichen Unterschiedes zwischen Christentum und indianischen Weltanschauungen sind die indianischen Mythen für einen Weißen verständlich. So erklärt sich zum Beispiel aus der Gleichberechtigung innerhalb der gesamten Natur und ihrem Lebenszirkel, warum es bei den Indianern keine "moralisierenden" Fabeln und Mythen gibt, ja auch Sprichwörter den Ureinwohnern so gut wie unbekannt sind. Boas nahm an, daß dieses fehlende Element im "plot" durch metaphorische Ausdrücke während der mündlichen Überlieferung, die bei den Indianern die Regel war, ausgeglichen wurde.[190]

Demgegenüber teilt uns Lame Deer in seiner Selbstdarstellung mit, daß es so etwas wie einen "moralischen Zeigefinger" bei den Sioux nicht gibt. Dies wird zum Beispiel am ehesten an der Kindererziehung deutlich, die bei den Indianern kaum Zwänge kennt.[191]

---

[189] ibid., p. 163.

[190] F. Boas, Mythology and Folk-Tales of the North-American Indians, p. 389.

[191] J. Lame Deer/R. Erdoes, Lame Deer, p. 34/35.

Könnten nun die Mythen und Erzählungen aus der Vergangenheit für die Indianer zu einer Art "Bibel" werden? Da die indianische Lebensphilosophie auf Traditionen aufgebaut ist, besitzt diese historische Literatur eine nicht unerhebliche Bedeutung, insbesondere im Hinblick auf jene Indianer, die in den großen Städten Amerikas wohnen und damit von dem kulturellen Leben in den Reservaten, wo praktisch jeder mit der heimischen Weltanschauung aufwächst, abgeschnitten sind. Zwar kommt die indianische Religion, wie Lame Deer und andere immer wieder betonen, ohne Bibel und stattdessen mit der Friedenspfeife aus, doch in einer Zeit, wo Geschichten am Lagerfeuer selten geworden sind, vermögen sicher viele Indianer den Wert der schriftlichen Verbreitung alter Mythen und Erzählungen allmählich zu erkennen.

Die fehlende Geschlossenheit der indianischen Religionen, die sich nicht nur von Stamm zu Stamm, sondern sogar innerhalb der einzelnen Völker noch unterscheiden, ist ihre Schwäche gegenüber dem Christentum. "Social in impact, most Indian religious experience was individualistic in origin. Visions defined vocations in this world rather than providing information concerning salvation in the other world."[192]

Dieser Individualismus konnte dem in sich geschlossenen und organisierten Christentum nicht standhalten, und somit kam es mit dem Vordringen der weißen Kultur und ihrem Sieg über die Indianer zu einem Niedergang deren Religionen.

---

[192] Vine Deloria, Jr., <u>Custer Died for Your Sins</u>, p. 106.

"Warfare between white and red solidified Indian religion in the persons of a few great leaders such as Sitting Bull, the Prophet..., Handsome Lake, and Wovoka, creator of the Ghost Dance. When these great leaders died, Indian religion went underground and became, like its white competitor, unrelated to the social and political life of the tribe."[193]

Die Folge dieses Niedergangs waren ein Suchen der Indianer nach neuen Religionen, und damit verknüpft, das Infragestellen der eigenen Normen und Wertvorstellungen, die von den christlichen Missionaren so entschieden bekämpft wurden. Viele Indianer gingen den Weg des geringsten Widerstandes und schlossen sich dem christlichen Glauben an.[194] Doch bald mußten sie erkennen, daß auch die weißen Missionare nicht "mit einer Zunge sprachen": Es kamen Katholiken, Presbyterianer, Babtisten und andere Vertreter der christlichen Lehre, die alle vorgaben, ihre Auslegung des Glaubens sei die allein richtige. Die meisten Missionare standen auf Seiten der Regierung gegen die Indianer und allein der Missionsstatus, den die christlichen Gemeinden noch heute in den Reservaten haben, war "ihre größte Sünde".[195]

Enttäuscht von den Vertretern der christlichen Lehre suchten die Indianer nach einer neuen Religion, die die zweifelsohne von ihnen erkannten Vorzüge des Christentums mit der naturalistischen traditionellen Lehre verbinden sollte. So kam in den zwanziger Jahren dieses Jahrhunderts der sogenannte "Peyote-Kult" auf. Man hoffte, dem "Great Spirit" mit Hilfe von Drogen näher zu kommen und ihn besser zu verstehen.[196]

---

[193] ibid., p. 109.
[194] ibid., p. 113.
[195] ibid., p. 115.
[196] J. Lame Deer/R. Erdoes, Lame Deer Seeker of Visions, p. 63.

Doch auch diese Relgion hatte, wie noch eine Reihe anderer Sekten während der vergangenen Jahrzehnte, keinen durchschlagenden Erfolg.[197] Lame Deer ist einer von vielen Indianern, die sich heute nach der Suche nach neuen Religionen wieder dem alten Glauben zuwenden, der in jüngster Zeit eine bemerkenswerte Restauration erfährt.

> "The impotence and irrelevancy of the Christian message has meant a return to traditional religion by Indian people. Tribal religions are making a strong comeback on most reservations."[198]

Eng verbunden mit dieser Wiederentdeckung der religiösen und philosophischen Traditionen ist aber auch ein Wiedererwachen der alten gesellschaftlichen und kulturellen Formen, die ebenfalls Thema in den Mythen und Erzählungen der Vergangenheit sind.

b) Verhältnis zur Natur und gesellschaftliche Ordnung

Genauso wie die Indianer zur Zeit noch auf einen religiösen Führer warten, der das Vakuum der vergangenen Jahre überbrückt und die Ureinwohner endgültig zu "religiöser Unabhängigkeit" führt,[199] mangelt es ihnen auch an den geeigneten politischen Führern.[200] Die Ursachen hierfür sind ähnlich: Auch in soziologischer Hinsicht sind die Indianer zur Zeit in einer Konsolidierungsphase, die noch nicht abgeschlossen ist.

Gesellschaftliche Formen und Normen wurzeln in der Religion und Philosophie des jeweiligen Volkes. So sind die

---

[197] Deloria berichtet im Gegensatz zu Lame Deer über ein starkes Anwachsen dieses Kultus in der Native American Church und sagt ihr eine große Zukunft voraus.

[198] Vine Deloria, Jr., Custer Died for Your Sins, p.115/116.

[199] Deloria, Jr., Custer Died for Your Sins, p. 121.

[200] ibid., p. 213.

europäischen Staaten im Mittelalter auf der Grundlage des christlichen Glaubens entstanden, die arabischen wurden entscheidend vom Islam geprägt und gleiches gilt für die fernöstlichen Länder und ihre Religionen. Während die religiösen Einflüsse in den europäischen Staaten wie auch in den modernen asiatischen - zum Teil durch diktatorische Gewalt - in den vergangenen Jahren erheblich reduziert wurden, ist bei den Indianern die Religion heute noch stark und untrennbar mit dem Sozialverhalten verknüpft.

Ähnlich wie die Natur im Mittelpunkt der indianischen Religionen steht, bestimmt sie auch entscheidend die Formen des Zusammenlebens. "You can't do much with a cat, which is like an Indian, unchangeable",[201] definiert Lame Deer den Charakter der Indianer, die sich allein den Mächten der Natur, insbesondere Wakan Tanka, unterstellt sehen, aber keinen menschlichen Herrscher "von Gottes Gnaden" anerkennen. Jedem Menschen wurde von der Natur eine bestimmte Aufgabe zugedacht, also ist auch jeder Mensch gleich wichtig. Ebenso wie Ameisen, und Steine, erfüllt er eine bestimmte Funktion innerhalb des Zirkels der Natur.[202]

Neben den Visionen finden die Indianer in einer Reihe von Zeremonien - die je nach Stamm verschieden sind - direkten Kontakt zur Natur. Ein Beispiel ist der hier beschriebene "Sonnentanz", den einige Stämme der Great Plains in bestimmten Zeitabständen veranstalten.

---

[201] J. Lame Deer/R. Erdoes, <u>Lame Deer Seeker of Visions</u>, p. 120.

[202] ibid., p. 157.

> "Staring open-eyed at the blazing sun, the blinding rays burning deep into your skull, filling it with unbearable brightness...
> Blowing on an eagle-bone whistle clenched between your teeth until its shrill sound becomes the only sound in the world...
> Dancing, dancing, dancing from morning to night without food or water until you are close to dropping in a dead faint...
> Pulling, pulling away at a rawhide thong which is fastened to a skewer embedded deeply in your flesh, until your skin stretches and rips apart as you finally break free with blood streaming down your chest...
> This is what some of us must endure during the sun dance."[203]

Der Sonnentanz, zugleich "Gebet und Opfer"[204] könnte weißen Beobachtern grausam vorkommen, doch aus indianischer Sicht ist der Ritus verständlich. "Our body is the only thing which truly belongs to us", sagt Lame Deer, denn "everything in nature has been created by the Great Spirit, is part of Him. It is only our own flesh which is a real sacrifice - a real giving of ourselves. How can we give less?"[205]

Im Sonnentanz wird die Verbindung der Ureinwohner zur Natur und ihre damit verbundene Wertung menschlicher Beziehungen am deutlichsten sichtbar.

> "The Sun-Dance of the tribes of the Great Plains goes directly to the heart of the red man's conception of the meaning of life. Essentially this conception has to do neither with length of years nor with accumulations of outer goods nor of sensary satisfactions, but rather with the attainment of a certain quality which is the Indian's idea of manliness."[206]

---

[203] ibid., p. 198.

[204] ibid., p. 199.

[205] ibid., p. 198.

[206] H. B. Alexander, *The World's Rim*, p. 170.

In diesem natürlichen Lebenszirkel, der alles umschließt, geht nichts verloren. Somit ist auch der Tod nur eine Station auf dem menschlichen Weg. Die Seele bleibt erhalten und lebt in anderer Form weiter. Zwar ist das Leben nach dem Tode kein zentrales Thema wie im christlichen Glauben, dennoch gibt es bei einigen Stämmen ähnliches wie ein "Seelengericht" und "Paradies".[207]

Trotz vieler Gemeinsamkeiten zwischen der indianischen und der christlichen Lebensauffassung[208] bleiben aber doch die schon erwähnten Differenzen augenfällig: Für die Christen ist der Mensch Herr über die Natur, für die Indianer ihr fest integriertes Teil. Hieraus ergeben sich ganz andere Konsequenzen für eine gesellschaftliche Ordnung, als dies beim Christentum der Fall ist.

Doch nicht allein religiöse und philosophische Normen der einzelnen Indianervölker waren die Voraussetzung für das soziale Zusammenleben. Auch die Umwelt, in der die Ureinwohner lebten, prägte ihren sozialen Status. So waren die Indianer im Osten und im Nordwesten in erster Linie Jäger und Fischer. Die Stämme der Great Plains führten ein Nomadendasein und hatten sich auf die Büffeljagd spezialisiert, da eine landwirtschaftliche Nutzung des schweren Bodens nicht möglich war.[209] Demgegenüber waren die Ureinwohner des Südwestens vielfach seßhaft und vermutlich aufgrund des geringen Wildreichtums gezwungen, trotz schwieriger Bedingungen, das Land mit Getreide und Gemüse zu bebauen.[210]

---

[207] ibid., p. 202/203.

[208] ibid., p. 173.

[209] Albert Roland, The First Americans in:<u>Dialogue</u>, Vol. 6, 1973, No. 2, p.19.

[210] ibid., p. 18.

Aufgrund dieser Umweltbedingungen war es einzelnen Stämmen wie denen im Südosten möglich, enger zusammenzuleben, während zum Beispiel die Stämme der Great Plains nicht alle auf einmal in einem Jagdrevier siedeln konnten und sich daher aufteilen mußten. Sehr deutlich wird dies bei den Sioux, die sich in drei Hauptgruppen gliedern: Die Dakota-Santee, Nakota-Yanhton, Lakota-Teton. Letztere Gruppe teilt sich wiederum in die Minniconjou, Itazipeho, Oohenopa (Two Kettle), Siha Sapa (Black Feet), Hunkpapa, Sichangu und Oglala, die zusammen die "Seven Council Fires" bilden.

Diese einzelnen Gruppen sind zahlenmäßig nicht sehr stark und von daher wird es verständlich, wenn Lame Deer schreibt: "The whole damn tribe is one big family ...".[211] Statt eines individuellen Familienlebens, wie es sich in der christlichen Gesellschaft ausgeformt hat, kennen die einzelnen Indianervölker nur ein mehr oder minder stark ausgeprägtes Clan- und Stammleben. Auch Nicht-Verwandte werden mit "Onkel" oder "Tante" angeredet.[212] Die Solidarität innerhalb des Stammes geht soweit, daß selbst Arme noch Ärmeren helfen und auch materielle Dinge weitgehend aufgeteilt werden. Kaum ein Indianer, der noch in den alten Traditionen verhaftet ist, hat das Bedürfnis nach finanziellem Reichtum.[213]

Am Geld entzündet sich immer wieder der Hauptkonflikt zwischen der indianischen und der weißen Gesellschaft. Lame Deer nennt die Dollarnote "Green Frog Skin" und diese Metapher entbehrt nicht einer gewissen Symbolik: Genauso schleimig und kalt wie eine Froschhaut, mit der gleichen abstoßenden Wirkung, ist für die traditionellen Indianer das Geld.

---

[211] J. Lame Deer/R. Erdoes, <u>Lame Deer Seeker of Visions</u>, p. 4.
[212] ibid., p. 45.
[213] ibid., p. 49.

"The green frog skin - that was what the fight was all about",[214] sagt Lame Deer und führt zum Beweis die Auswüchse der weißen Gesellschaft an: rücksichtsloses Ausnutzen der Natur, Töten um Geld zu verdienen, Zerstörung der Umwelt und des eigenen Körpers.[215]

Bezeichnend für das neue Selbstverständnis der Indianer sind die weiteren Ausführungen Lame Deers.

"I made up a new proverb: 'Indians chase the vision, white men chase the dollar'. We are lousy raw material from which to form a capitalist. We could do it easily but then we would stop being Indians. We could just be ordinary citizens with a slighty darker skin. That's a high price to pay, my friend, too high. We make lousy farmers too, because deep down within us lingers a feeling that land, water, air, the earth and what lies beneath its surface cannot be owned as someone's private property. That belongs to everybody and if man wants to survive, he had better come around to this Indian point of view, the sooner the better."[216]

Das von Lame Deer beschriebene Ideal ist allerdings nicht überall in der indianischen Welt Realität geblieben. Solange die einzelnen Stämme - oder Untergruppen - kleine, überschaubare Einheiten waren, ließ sich ein derartiger "Sozialismus" verwirklichen. Dabei darf jedoch nicht übersehen werden, daß auch in der kleinsten Einheit indianischen Zusammenlebens der Status und das soziale Prestige dominieren. Von daher ist den Indianern auch die weiße Aussteiger-Bewegung, für deren Individuen sie durchaus Sympathien hegen, suspekt. "It seemed ridiculous to Indian people that hippies would refuse to incorporate prestige and social status into their tri-

---

[214] ibid., p. 43.
[215] ibid., p. 88, 122/123.
[216] ibid., p. 46.

balizing attempts. Indian society is founded on status and social prestige."[217]

Die Stabilität des sozialen Gefüges wurde umso wichtiger, je größer die Lebensgemeinschaften wurden. Ein besonders gutes Beispiel dafür ist die Liga der Irokesen, die vermutlich um 1570 gegründet wurde.[218] Um ihre Entstehung ranken sich viele Mythen. Das bekannteste ist die "Deganawîdah-Legende", die von J.N.B. Hewitt in der Onondaga-Sprache aufgezeichnet wurde.[219] Danach waren die nördlichen Irokesen-Stämme, die Oneida, Onondaga, Mohawk, Seneca und Cayuga, in einem langwierigen Streit, und es bestand die Gefahr der gegenseitigen Vernichtung. In dieser Situation verbündete sich der Onondaga Hayôwnt'ha - oder auch Hiawatha, wie er in einigen Versionen genannt wird (nicht identisch mit dem Hiawatha des gleichnamigen Longfellow-Epos) - mit dem Mohawk-Häuptling Deganawîdah, um den Frieden wiederherzustellen.[220] Als erstes kämpfte er erfolgreich gegen den Kannibalismus.[221] Danach war sein nächstes Ziel zu verhindern, "daß menschliche Wesen sich gegenseitig im Krieg töten, und so schloß er die fünf Stämme in einer Liga zusammen. Im Laufe der Entwicklung kamen zu Rechtschaffenheit und Frieden noch weitere Ideale hinzu: Vernunft, Gerechtigkeit und Gesundheit - und schließlich, wenn die Liga weiter fortgeschritten ist, Macht".[222]

Der Wunsch der beiden irokesischen Staatsmänner, die übrigens von Liselotte Ungers verwechselt

---

[217] Vine Deloria, Jr., Custer Died for Your Sins, p. 229.

[218] Edmund Wilson, Apologies to the Iroquois, (New York, 1959) p. 44.

[219] ibid., p. 132 f.

[220] vgl. L. Ungers, Die Rückkehr des Roten Mannes, p. 27/28.

[221] E. Wilson, Apologies, p. 132 f.

[222] ibid., p. 133 f.

werden,[223] ging in Erfüllung. Bald kontrollierten die nun vereinigten Stämme der Irokesen-Liga das Gebiet von der Größe des Staates New York und zu ihrer Blütezeit um 1700 beherrschten sie den gesamten Nordosten der heutigen Vereinigten Staaten vom St. Lawrence River bis zum Ohio und von New-England bis Illinois.[224]

Dieser Imperialismus, der den Irokesen auch die Bezeichnung "Römer der Neuen Welt" einbrachte, war die Verwirklichung des letzten von Deganawîdah angestrebten Ideals: der Macht. Die Irokesen bekämpften und unterwarfen schonungslos die sie umgebenden benachbarten Stämme, mit denen sie zum Teil sogar verwandt waren. So fielen ihnen die Huronen im Norden, die Neuter und Erie im Westen und die Delawaren im Süden zum Opfer.[225] Die Ausdehnung und der Aufstieg der Liga der Irokesen zwischen 1600 und 1800 fällt nicht zufällig mit der weißen Besiedlung im Nordosten der USA um diese Zeit zusammen. Die Indianer entwickelten nämlich mit den Weißen einen lebhaften Pelzhandel, dessen Zentrum das heutige Albany im Staat New York wurde. Als es dort gegen Ende des 17. Jahrhunderts nichts mehr zu jagen gab, mußten die Irokesen, die das Pelzgeschäft weiterführen wollten, zwangsläufig in die Nachbarregionen eindringen.[226]

Die Ausdehnung der Macht der Liga der fünf Nationen, zu der später als sechste die Tuscaroras hinzukamen, war nur aufgrund einer straff organisierten gesellschaftlichen Ordnung möglich, die Edmund Wilson detailliert beschreibt:

---

[223] ibid., vgl. p. 133 f und L. Ungers, Die Rückkehr des Roten Mannes, p. 28.

[224] L. Ungers, Die Rückkehr des Roten Mannes, p. 28.

[225] ibid., p. 23.

[226] E. Wilson, Abbitte an die Irokesen, p. 45 f.

"The essential point to grasp is that, although
the Six Nations are the political units of the
League, the fundamental social unit is the clan.
These clans are all named after totems: mammals,
turtles, birds, even plants....
You are free to marry a woman from your own or
from another nation, but you may not marry a
woman from your own clan. Your children all belong to the clan of your wife....
The wife's brothers, who belong to her clan, are
responsible for her children, and her husband is
responsible for the children of his sisters...
I was told by one Mohawk that the Indians had
given their woman a dominant position because,
in observing the animals - who were so much
closer to them than they are to us: almost like
other races of men - they had noted that the
maintenance of the animals family depended en-
tirely on the mother. The society of the Iroquois
Indians is, in any case, matrilineal. The senior
woman of the clan, known as the "clan mother",
names the chief or chiefs for her clan..."[227]

Die Aufgaben zwischen Mann und Frau waren in früheren
Zeiten strikt getrennt. Während der Mann auf Jagd und
auf Fischfang ging, verrichteten die Frauen alle Ar-
beiten zu Hause - einschließlich der Ackerbestellung.
Ihnen gehörte sogar in der Regel das Haus, aus dem sie
ihre Männer bei besonderen Anlässen - falls diese sich
schlecht benahmen - vertreiben konnten.[228]

Doch auch diese, im Vergleich zu anderen Indianervölkern
wesentlich stärkere Organisation des Zusammenlebens,
konnte die Irokesen-Liga nicht vor dem Untergang bewahren. Es waren außenpolitische Faktoren, wie die Uneinigkeit im Verhalten gegenüber den Engländern und Amerikanern anläßlich des Unabhängigkeitskrieges, und die
Übermacht der Weißen, die den Niedergang bewirkten, aber
keine innergesellschaftliche Dekadenz.[229]

---

[227] E. Wilson, Apologies, p. 51 f.

[228] ibid., p. 52 f.

[229] L. Ungers, Die Rückkehr des Roten Mannes, p. 29.

Obwohl die Irokesen letztlich das gleiche Schicksal
erlitten wie andere Indianer, deren soziale Strukturen
weniger stark ausgeprägt waren, gelang es ihnen doch
aufgrund ihrer weiterentwickelten Gesellschaftsform,
in stärkerem Maße eine Einheit gegen die vordringende
weiße Kultur zu bilden und eine Art "Nationalbewußtsein"
zu erhalten. So ist die Deganawīdah-Legende noch heute
im Bewußtsein der sechs Stämme fest verankert und ihre
als Epos gefaßte Form wird auch jetzt noch im Abstand
von fünf Jahren und zusätzlich zu besonderen Krisen-
zeiten öffentlich rezitiert, um die Identität der
Nation wachzuhalten.[230]

Am Beispiel der Liga der Irokesen wird deutlich, daß
Lame Deers Vorstellungen von einem friedlichen Leben
aller innerhalb des Naturzirkels, ein Ideal bleibt,
wenn sich eine Lebensgemeinschaft so ausdehnt, daß sie
nicht mehr überschaubar ist und nach politischer und
wirtschaftlicher Macht strebt. Nicht von ungefähr hat
daher das Beispiel der Irokesen-Liga die Weißen, die
Kontakt damit hatten, von Anfang an interessiert, viel
mehr als das Zusammenleben irgend eines anderen Stammes.

> "The League of the Iroquois was particularly in-
> fluential on the thinking of some of the leaders
> of the American Colonies. Benjamin Franklin had
> great respect for the organization of the League
> and, when making his proposals for a union of the
> Colonies at Albany in 1754, wrote: 'It would be a
> strange thing if Six Nations of ignorant savages
> should be capable of forming a scheme for such a
> union, and be able to execute it in such a manner
> as that has subsisted ages and appears indissoluble;
> and yet that a like union should be impracticable
> for ten or a dozen English colonies, to whom it is
> more necessary and must be more advantageous, and
> who cannot be supposed to want an equal understanding
> of their interests. In time, the structure of the
> League had an indirect influence not only on the
> union of the Colonies, but on the government of

---

[230] Th. Sanders/W. Peek, Literature of the American Indian, p. 192.

the United States as it was constituted in 1789. In such forms as the methods by which congressional Senate and House conferees work out bills in compromise sessions, one may recognize similarities to the ways in which the Iroquois League functioned."[231]

Doch das "Modell" der Irokesen-Liga fand nicht nur Eingang in die amerikanische Verfassung, es beeinflußte auch in erheblichem Maße die Lehren des Marxismus; eine Tatsache, die heute wenig bekannt ist.

Der Anthropologe Lewis Henry Morgan aus Rochester, New York, hatte enge Kontakte zu den Irokesen, insbesondere zu dem Seneca Ely S. Parker, der ihn umfassend über die Liga unterrichtete. Morgan verfaßte daraufhin zwei Studien, "The League of the Ho-de-no-sau-nee, or Iroquois" im Jahre 1851 und "Ancient Society" im Jahr 1877. Zu der Zeit als Karl Marx gerade sein Werk "Das Kapital" fertigstellte, gelangten Kopien der Morgan-Studien in seine Hände. Er konnte sie jedoch vor seinem Tod nicht mehr verarbeiten. Friedrich Engels griff die Berichte über die Irokesen wieder auf und machte sie zum zentralen Thema seines Werkes "Der Ursprung der Familie, des Privateigentums und des Staats", worin er die monogame Familie und das Privateigentum im bürgerlichen Staat scharf kritisiert.[232] Gesellschaftsformen, die sowohl die Vereinigten Staaten wie die sozialistischen Länder trotz einer christlich-abendländischen Tradition beeinflußt haben, können wohl nicht so "primitiv" sein wie sie heute gelegentlich dargestellt werden.[233] Selbst die Indianer der Great

---

231) A. M. Josephy, Jr., The Indian Heritage of America, p. 33/34.

232) Th. Sanders/W. Peek, Literature of the American Indian, p. 190, vgl. auch Kindlers Literatur Lexikon, Bd. 22, p. 9779/9778.

233) Th. Sanders/ W. Peek, Literature, p. 186.

Plains, deren Gesellschaften nicht so hoch entwickelt
waren, lebten innerhalb fester sozialer Normen, die
auf dem unerschütterlichen Fundament einer jahrhunderte-
alten Religion und Philosophie ruhten. Diese Gesellschaft
konnte funktionieren, solange genug Raum für die
Menschen vorhanden war, mit ausreichenden Nahrungsquellen,
und die einzelnen Gruppen und Clans überschaubar blieben.

B. Kurzgeschichten

1. "Kaiser and War" von Simon Ortiz

Die Kommunikation der Indianer untereinander und mit den Weißen in Englisch ist bei den Kurzgeschichten, Romanen und modernen Geschichten, die chronologisch als Nachfolger der Autobiographien anzusehen sind, ebenfalls wesentliche Grundvoraussetzung für ein rhetorisches Modell. Daß die Indianer - insbesondere die Intellektuellen unter ihnen - die englische Sprache nicht nur als Verständigungsmittel betrachten, sondern sich mit ihrem Erleben auch im humboldtschen Sinne die Kultur der Weißen erschlossen haben, ist für das Verständnis ihrer Literatur, insbesondere in Hinsicht auf die darin erwähnten Mythen, von großer Wichtigkeit. Wie sollte denn auch die Kommunikation mit dem weißen Leser funktionieren, wenn die indianischen Autoren nicht den Weißen bekannte Mythen reflektieren würden?

Natürlich betonen die Indianer die besondere Eigenständigkeit ihrer Literatur und versuchen, sie von den traditionellen Konventionen der Weißen abzuheben. Doch ist das überhaupt möglich, wenn man Hemingway oder Faulkner, Joyce oder Lawrence gelesen hat? Die Ureinwohner sind sich der Problematik, die sich hier ergibt, wohl bewußt:

> "The twentieth-century Native American suffered his last and greatest defeat at the hands of the transplant American. He began to see the word as neither magic nor sacred; it was merely a tool used in the art of rationalization, a tool in the craft of craft. He even began to see why the mystic visionaries among English language writers were so chronically misunderstood.
> D.H. Lawrence, James Joyce, Ernest Hemingway, Hart Crane, T.S. Eliot - the literary gods of the transplant American, disillusioned with the dehumanizing results of a technological debasing, had turned, in one way or another, to the primitive rituals and literatures and beliefs in a vain attempt to reestablish some part of the broken link between themselves and the Great Mystery."[234]

---

[234] Th. Sanders/W. Peek, Literature, p. 447.

Indem man den Spieß einfach umkehrt und versucht, die
weißen Schriftsteller mit indianischem Gedankengut
in Verbindung zu bringen, soll die Originalität impliziert werden. Fest steht jedoch, daß die erwähnten
weißen Autoren wohl kaum große "Indianerkenner" waren,
während die Indianer ihrerseits in der Schule und auf
dem College sehr früh mit weißer Literatur konfrontiert
wurden. Von daher besitzen sie einen Vorteil: sie sind
in der Lage - sofern sie traditionell indianisch erzogen
wurden - auf beiden Ebenen zu kommunizieren und somit
weiße und indianische Leser zugleich anzusprechen.
Nur so erscheint eine literarische Konkretisierung
des Konfliktes zwischen beiden Rassen möglich.

Von daher ist es eigentlich überflüssig, daß die
indianischen Autoren die Originalität ihrer Werke
besonders betonen und versuchen, sie vom konventionellen Literaturschema abzuheben. Diese Differenzierung
ergibt sich nämlich durch die Gestaltung des spezifisch
für die Indianer relevanten Inhaltes von selbst, wie
sich zum Beispiel in Simon Ortiz' Kurzgeschichte "Kaiser
and War" zeigt. Wichtig ist vor allem, daß die Kommunikation zwischen Autor, Erzähler und Leser funktioniert.
Simon Ortiz erreicht dies bereits mit dem Titel seiner
Kurzgeschichte: "Kaiser and War".

Beide Substantive - wie auch der in den ersten Zeilen
der Kurzgeschichte erwähnte Name "Hitler" - müssen
beim Leser, sofern er auch nur ein wenig historisch
vorgebildet ist, negative Assoziationen wecken. Mit
dem Begriff "Kaiser" dürfte die Mehrzahl der Leser
das Bild vom imperialistischen, preußisch-strengen
Deutschland des 19. Jahrhunderts verbinden, das aufgrund
seiner inneren autoritären Strukturen - so die gängige

Meinung in Amerika - zwangsläufig in den Krieg stolpern mußte. Der Krieg aber bedeutete für den Kaiser - wie auch den in der Kurzgeschichte erwähnten Hitler - ein totales Desaster, an dessen Ende sowohl Kaiser wie Hitler überflüssig wurden. Damit ist auch die Assoziation zu dem Begriff "War" im Titel hergestellt, denn jener "Kaiser", der Protagonist der Geschichte, scheint für seine Umgebung schließlich genauso überflüssig zu sein wie sein historischer Namensvetter. Der Unterschied besteht jedoch darin, daß der Kaiser und Hitler an den Kriegen, die sie wollten, scheiterten, während der Protagonist "Kaiser" daran scheitert, daß er eben nicht zur Army will. Mit dem Titel "Kaiser and War" ist also bereits die erste Lücke im "Iserschen Sinne" für den Leser gegeben, denn nirgendwo gibt der Ich-Erzähler, an den der Ablauf der Geschichte stark gebunden ist, einen Hinweis auf die Bedeutung oder Entstehung des Spitznamens des Protagonisten.

> "Kaiser got out of the state pen when I was in the fourth grade. I don't know why people called him Kaiser. Some called him Hitler, too, since he was Kaiser, but I don't think he cared at all what they called him. He was probably just glad to get out of the state pen anyway." [235]

Bereits an der hier sichtbaren, betonten Teilnahmslosigkeit des Erzählers wird deutlich, daß der Autor die Ich-Erzähler-Subjektivität zugunsten einer ambiguösen Sichtweise zurückgedrängt hat. Durch die Wiedergabe von Gerüchten oder Werturteilen anderer Leute seitens des Erzählers wird so zunächst eine Inkonsistenz des Charakters des Protagonisten und eine scheinbare

---

[235] Simon Ortiz, "Kaiser and War", in: <u>North American Indian Reader</u>, ed. Frederick W. Turner III (New York, 1973) p. 615.

Neutralität des Erzählens erreicht. So heißt es
einmal "The army wanted him anyway, or maybe they didn't
know he was crazy or supposed to be",[236] während
"Kaiser" an anderer Stelle als netter, hilfsbereiter
und fleißiger Mensch beschrieben wird: "Kaiser was
pretty good-looking and funny in the way he talked
for a crazy guy. And he was hard worker."[237] Daß
der Erzähler die Ambiguität dennoch eingrenzt, indem
er den Leser durch eigene Kommentierungen steuert und
dessen Sichtweise auf bestimmte Dinge lenkt, wird nur
an wenigen Stellen deutlich. So einmal, als die Rede
von "Kaisers" Schwester ist: "Kaiser's sister cried
because she didn't want Kaiser to go into the army...
She had gone to the Indian School in Alburqurque,
and she learned that stuff about patriotism, duty,
honor - even if you were said to be crazy".[238] Die
gleichermaßen ironische Distanzierung von den "alten
Zeiten" der Indianer - "Kaiser would sit there, not
saying anything except 'Eheh' which is what you're
supposed to say once in a while to show that you're
listening to the olden times"[239] unterstreicht, wie
auch die kärgliche Beschreibung der Nebenfiguren und
der Örtlichkeiten, daß der Erzähler das Augenmerk des
Lesers vor allem auf die Verhaltensweisen des Protagonisten im Rahmen der "weißen" Normen lenken möchte.
Diese sind in der Vorstellung der Indianer in bestimmter Weise manifestiert, wie die Beschreibung des Sheriffs als eines "Lone-Ranger-Typs" zeigt: "The
County Sheriff had a bulging belly and he had a six-shooter strapped to his hip".[240]
Die Verhältnismäßigkeit der Mittel völlig verkennend,

---

[236] ibid., p. 615.
[237] ibid., p. 617.
[238] ibid., p. 616.
[239] idid., p. 618.
[240] ibid., p. 618.

hat er sich ausgerüstet wie zu einer Banditenjagd -
die Indianer lachen darüber, freilich ohne daß die
Weißen verstehen warum. Das sich nun anbahnende Gespräch zwischen Sheriff, Indianer-Agenten und Indianern ist nur eine einzige Kette von Mißverständ-
nissen, die nicht allein durch Sprachschwierigkeiten,
sondern auch durch das Nicht-Verstehen-Wollen der
Indianer ausgelöst werden.

>"I'll be a son of a bitch', the sheriff said,
>and the Indians laughed quietly. He glared at
>them and they stopped. 'Let's go get him ourselves',
>he continued.
>The man who had been interpreting said, 'He is
>crazy'. 'Who's crazy?' the sheriff yelled, like
>he was refuting an accusation.
>'I think you're all crazy'.
>'Kaiser, I think he is crazy', the interpreter said
>like he was ashamed of saying so." [241]

Die Ambiguität ist zugleich Lesersteuerung, hat doch
der Leser Informationen - daß "Kaiser" anscheinend ver-
rückt ist -, die die handelnden weißen Figuren nicht
haben. Ihr Verhalten, basierend auf bestimmten gesellschaftlichen Normen, wirkt daher lächerlich. Das ist
auch in der darauffolgenden Szene der Fall: Der Leser
weiß genau, daß jene Indianer, die sich gegen Bezahlung
anheuern ließen, um die Gesetzeshüter auf "Kaisers"
Spur zu bringen, den Sheriff und Indianeragenten nur
zum Narren halten werden. Natürlich wird man "Kaiser"
nicht finden, aber stattdessen über die Blasen, die
Sheriff und Indianeragent an den Füßen haben, schmunzeln.
Und auch der Leser wird sich an dieser Stelle einer
gewissen Schadenfreude nicht erwehren können.

---

[241]   ibid., p. 620.

Bereits hier wird deutlich, wie der Autor durch den
Erzähler die Normenkonflikte zwischen weißer und
indianischer Gesellschaft gestaltet. Deren Analyse
ist aber durch die traditionelle Typologie Stanzels
oder auch Kaysers und Lämmerts nicht möglich. Denn
die Frage, warum der Erzähler in dieser Kurzgeschichte
weitgehend nur als neutraler Vermittler von Meinungen
und Ansichten anderer Leute auftritt und somit den
Leser provoziert, sich eine eigene Meinung zu bilden,
läßt sich mit jenen Interpretationsansätzen nicht
beantworten.

Durch die Neutralität des Erzählens wird eine Differenz
zwischen Erzähler und Leser geschaffen, die dazu führt,
daß sich der Leser schließlich moralisch mit dem Protagonisten identifizieren und dessen Logik akzeptieren
muß. Der Erzähler bezieht überhaupt keine moralischen
Positionen, als er schließlich "Kaisers" Entschluß,
doch zur Army zu gehen, mitteilt. Dieser Entschluß
wird kurz und knapp in einem Satz mitgeteilt: "Kaiser
decided to volunteer for the army".[242]

Für den Leser bleibt die Frage, warum der Protagonist
diese Entscheidung traf, obwohl ihm von seinem Großvater
- dessen verwandtschaftliche Beziehung an dieser Stelle
übrigens von "Kaiser" infrage gestellt wird - die Konsequenzen seines Handelns, die von den weißen Gesetzes-
hütern angedroht wurden, klar übermittelt werden.[243]

Den Erzähler scheint es in keiner Weise zu beunruhigen,
daß "Kaiser" nun im Gefängnis landet, denn alle Leute
behaupten ja, daß es ihm dort gut gehe: "Later on, some
people went to visit him up at the state pen. He was okay
and getting fat, they said, and he was getting on okay
with everybody and the warden told them".[244]

---

[242] ibid., p. 622.
[243] ibid., p. 623.
[244] ibid., p. 623.

Die Distanzierung zwischen Erzähler und Protagonist wird wenig später noch gesteigert, als es ironisch heißt: "When the visitors got home to the reservation, they went and told Faustin his grandson was okay, getting fat and happy as any American."[245] Der Leser spürt hier förmlich, wie der Protagonist vom Erzähler allein gelassen wird und ist somit gezwungen, sich in dessen Verhaltensweise hineinzudenken.

Das beginnt bei dem Disput zwischen "Kaiser" und seinem Großvater, der als Autoritätsperson nicht mehr anerkannt wird: "Grandfather, I do not have to mind you. If you were my grandfather or oncle on my mother's side, I would listen to you and probably obey you, but you are not, and so I will not obey you."[246] Der Protagonist hat sich mit dem Entschluß, doch zur Army zu gehen, zugleich dafür entschieden, sich ganz dem weißen Reglement unterzuordnen. Sein Großvater ist nun nicht mehr der alte Faustin, sondern "Uncle Sam", der die Einberufung zum Militär mit allen Konsequenzen - einschließlich der des Tötens - befohlen hat.

Und somit vollzieht sich nach "Kaisers" Entschluß, doch zur Armee zu gehen, eine Abfolge von Handlungen - fernab vom Erzähler - die aus der Sichtweise des Protagonisten nur logisch erscheint: widerspruchslos geht er ins Gefängnis, um dann schließlich dort das zu tun, wofür er ja eigentlich zur Armee sollte - töten. Auch dieses so unerhört wichtige Ereignis wird vom sich völlig zurückhaltenden Erzähler ambiguös vermittelt: "They were told that Kaiser was going to stay in the pen longer now

---

[245] ibid., p. 629.
[246] ibid., p. 623.

because he had tried to kill somebody... That was
the first time anybody heard of Kaiser trying to
kill somebody, and some people said why the hell
didn't they put him in the army for that like they
wanted to in the first place."[247] Die Ambiguität
zwingt hier erneut den Leser, sich mit der Logik
des Protagonisten zu identifizieren. Aus dieser
Perspektive heraus müssen ihm die Verhaltensweisen
und Normen der weißen Gesellschaft einmal mehr
widersprüchlich und suspekt erscheinen.

"Kaiser" indessen bleibt bis zum Schluß konsequent.
Als er aus dem Gefängnis zurückkehrt, spricht oder
lacht er nicht mehr, sondern wandelt nur noch in seinem grauen Anzug umher, alleingelassen vom Erzähler,
aber zunehmend verstanden vom Leser. Jener graue
Anzug, den er wohl bei der Entlassung aus dem Gefängnis erhalten hat, wird zur Metapher - eine weiße Hülle,
die zumindest äußerlich "Kaisers" Wandlung zu den Normen
der Weißen, die ihm im Gefängnis aufgezwungen wurde,
symbolisiert.

Daß die Wandlung indessen nur äußerlich ist, wird bei
"Kaisers" Tod deutlich: "Well, Kaiser died, but without
his grey suit."[248] Nicht nur die Farbe des Kleidungsstückes ("Grau" ist bei den Indianern weitgehend unbekannt, also muß der Autor hier auf die Vorstellungen
der Weißen, die sie mit dieser Farbe verbinden, rekurrieren), die bereits auf die Eintönigkeit jener Welt, in
der der Anzug entstanden ist, hinweist, sondern auch die
Beschreibung des Verschleißes wird zum Symbol. Fetzen
- das ist alles, was an Erinnerungen an die Weißen in
"Kaisers" Gedächtnis haften geblieben ist, und folgerichtig

---

[247] ibid., p. 624.
[248] ibid., p. 625.

legt er kurz vor seinem Tod, zurückgekehrt zu den
Traditionen seines Volkes, zur indianischen Lebensweise, das Kleidungsstück ab. Zugleich klärt der
Protagonist damit die Besitzverhältnisse, denn er
vernichtet den zerfetzten Anzug nicht einfach, sondern
äußert nachdrücklich den Wunsch, daß er "to the government" zurückgeschickt werde.249)

Der Erzähler kommentiert auch diesen Vorgang mit keinem
Wort, sondern gibt stattdessen erneut die Meinung eines
Bekannten wieder:

> "The person who asked about the suit wondered about
> this Kaiser's instructions. He couldn't figure out
> why Kaiser wanted to send a beat-up suit back. And
> then he figured, well, maybe that's the way it was
> when you either went into the state pen or the
> army and become an American.250)

Hier wird allerdings deutlich, daß hinter dieser Aussage
kein anderer als der implizierte Autor steckt, der hier
in direkten Kontakt mit dem Leser tritt und damit eine
dritte Bewußtseinsebene - neben der Handlungsebene der
Figuren und der Erzähler-Leser-Ebene - einführt. Der
Leser muß zum Schluß feststellen, daß über ihn gelacht
wird, weil er gelacht hat.

Es wäre indessen zu vordergründig, von daher diese Kurzgeschichte als Protest gegen die weiße Gesellschaft zu
interpretieren, da - wie bereits sichtbar wurde - der
Erzähler auch die indianischen Traditionen und Normen
aus ironischer Distanz betrachtet. Die Aussage scheint
vielmehr in der Dramatisierung des Konfliktes zwischen -
einem Individuum und den Normen zweier verschiedener

---

249) ibid., p. 625.
250) ibid., p. 625.

Gesellschaften zu liegen. Dabei wird allerdings deutlich, daß in der perfekt durchorganisierten weißen Gesellschaft noch weniger Raum für Individualismus und Aussenseitertum, gleich welcher Art, - was mit dem Namen "Kaiser" eben unterstrichen wird - vorhanden ist, als in der auf alten Traditionen begründeten indianischen.

2. "The Man to Send Rain Clouds" von Leslie Silko

Für Leslie Silkos Kurzgeschichte "The Man to Send Rain Clouds" gelten ähnliche Konditionen wie für "Kaiser and War": wieder muß ein Normensystem geschaffen werden, das für weiße wie indianische Leser gleichermaßen akzeptabel ist. Stand bei "Kaiser and War" jedoch die Dramatisierung des Konflikts eines indianischen Individuums mit den Normen der weißen und indianischen Gesellschaft im Vordergrund, so geht es in "The Man to Send Rain Clouds" um die Normenkonflikte zwischen beiden Gesellschaftsformen an sich. Das bedeutet, daß der Autor zunächst einmal eine für weiße und indianische Leser gemeinsame Ausgangsbasis schaffen muß, gemeinsame Werte aufzuzeigen hat, bevor er differenziert.

Deutlicher als in "Kaiser and War" tritt hier der implizierte Autor in der vom unpersönlichen Erzähler geschaffenen konkreten Situation zum Vorschein und zwingt den Leser, sich selbst in den Rahmen der Fiktionalität zu stellen. Als Hilfsmittel dient ihm dazu die Farbensymbolik:

> "Before they wrapped the old man, Leon took a piece of string out of his pocket and tied a small grey feather in the old man's long white hair... Across the brown wrinkled forehead he drew a streak of white and along the high cheekbones he drew a strip of blue paint. He paused and watched Ken throw

pinches of corn meal and pollen into the wind...
Then Leon painted with yellow under the old man's
broad nose, and finally, when he had painted green
across the chin, he smiled.
'Send us rain clouds, Grandfather."[251]

Mit der Akzentuierung der Farben spricht der Autor den
weißen und indianischen Leser gleichermaßen an. So symbolisieren sie für Indianer - wie bereits anläßlich der
Interpretation der Autobiographien erläutert - eine bestimmte religiöse Bedeutung, während Weiße weitgehend
individuelle Vorstellungen, die sich jedoch häufig
ähneln,damit verbinden. Dies gilt zum Beispiel für die
Farbe "Grün", die wohl allgemein Vorstellungen an grünes
Land, Wald, Sträucher und in Zusammenhang damit an Regen,
weckt. Die Verbindung zwischen "Grün" und Regen wird
vom implizierten Autor selbst hergestellt, indem er
Leon die Bitte nach Regen äußern läßt, nachdem dieser
den letzten grünen Strich in das Gesicht des Toten gemalt hat. Die Aussage, die er damit dem Leser vermittelt,
wird zugleich wieder negiert, da Leon bei dieser Handlung
lächelt - ein Lächeln, das man in Anbetracht der Umstände
wohl als ironisch bezeichnen muß. Somit wird zugleich
deutlich, daß die handelnden indianischen Figuren auch
nicht uneingeschränkt indianische Wertvorstellugen akzeptieren, sondern das Ritual mehr im Bewußtsein ihrer
Tradition, ihrem Großvater zuliebe, vollziehen.

Daß die Farbensymbolik gleichsam Vermittler zwischen
zwei Normensystemen ist, eine gemeinsame Verständigungsbasis darstellt, wird auch im weiteren Verlauf der Kurzgeschichte deutlich, wo die gleichen Farben in anderem
Zusammenhang wieder erwähnt werden: "The red plaid shawl
had been shaken and spread carefully over the bed, and
a new brown flannel shirt and a pair of stiff new Levis

---

[251] ibid., p. 4.

were arranged neatly beside the pillow."[252] Die
gleichen Farben tauchen dann wieder in Verbindung mit
dem katholischen Priester auf: "The priest stared
down at his scuffed brown loafers."[253] und "He left
the room and came back wearing a long brown overcoat"[254]
Gleiches gilt für die Farbe "Grün": "The priest sank
down into the green chair..." und "Leon put on his
green cap..."[255] Doch trotz dieser Gemeinsamkeit, die
sich auf der Vermittlungsebene zwischen impliziertem
Autor und Leser abspielt, bleibt die Differenz auf der
Handlungsebene bestehen. Ähnlich wie in "Kaiser and
War" kommt es auch in "The Man to Send Rain Clouds"
nicht zu einer wirklichen Verständigung zwischen Weißen
und Indianern, weil beide aneinander vorbeireden. Deutlich wird dies, als Leon und Ken den toten Teofilo nach
Hause bringen und dabei den Priester treffen:

> "Did you find old Teofilo?' he asked loudly. Leon
> stopped the truck. 'Good morning, Father. We were
> just out to the sheep camp. Everything is O.K. now.'
> 'Thank God for that. Teofilo is a very old man. You
> really shouldn't allow him to stay at the sheep camp
> alone.'
> 'No, he won't do that anymore now.'
> 'Well, I'm glad you understand. I hope I'll be seeing
> you at Mass this week - we missed you last Sunday.
> See if you can get old Teofilo to come with you.'"[256]

Bemerkenswert ist an dieser Stelle zugleich die Lesersteuerung: der Leser weiß inzwischen, daß der alte Mann
gestorben ist. Er weiß auch, daß Leon und Ken die Fragen
des Priesters wahrheitsgetreu beantworten, ihm die Todesnachricht eben nur verschweigen. Aus der Sicht des Lesers
müssen die Antworten Leons und Kens selbstverständlich

---

252) ibid., p. 4.
253) ibid., p. 6.
254) ibid., p. 7.
255) ibid., p. 7.
256) ibid., p. 4.

erscheinen, doch für den Geistlichen sind sie aufgrund dessen Informationslücke im nachhinein zynisch.

Auf diese Weise wird die Person des Priesters, insbesondere dessen Verhaltensweise, vor dem Leser abgewertet. Es ist auffällig, daß der Geistliche als einzige der handelnden Personen ausführlicher beschrieben wird. Sein äußeres Auftreten wird dem Leser ebenso mitgeteilt wie sein Gewissenskonflikt, als Leon und Ken ihn schließlich doch bitten, das Grab mit "Heiligem Wasser" zu weihen. Die Indianer hingegen handeln so selbstverständlich, daß es gar keiner näheren Erläuterung ihres Auftretens bedarf. Durch diese Sichtlimitierung des unpersönlichen Erzählers, die bewußt die Person des Priesters in den Mittelpunkt rückt, wird der Leser in eine Perspektive gedrängt, die ihn zwingt, das Verhalten des Geistlichen aus indianischer Sicht zu bewerten. Der durch die Farbensymbolik zuvor geschaffene gemeinsame Normenrahmen ist dafür die Voraussetzung, und er ermöglicht zugleich ein universelles Verständnis des letzten Teils der Kurzgeschichte, in dem sich die Leere der beiden Wertsysteme entpuppt.

Der Priester hat sich nach langem Zögern und vielen inneren Zweifeln, ob dies nicht wieder "some perverse Indian trick"[257] war, schließlich doch bereit erklärt, das Grab zu weihen, doch das "Heilige Wasser" weht fort, zergeht, bevor es den Boden berührt:

"He sprinkled the grave and the water disappeared almost before it touched the dim, cold sand... He sprinkled more water; he shook the container until it was empty, and the water fell through the light from sundown like August rain that fell while the sun was still shining, almost evaporating before it touched the wilted squash flowers."[258]

---

[257] ibid., p. 7.
[258] ibid., p. 8.

Der Priester verspürt hier die Kluft zwischen den
beiden Rassen - symbolisch durch das Grab dargestellt -
und die Leere seines Wertsystems: "... it reminded him
of something - he tried to remember what it was, because
he thought if he could remember he might understand this."[259]
Doch es gelingt ihm nicht, die Brücke zwischen beiden
Kulturen zu schlagen. Er erinnert sich, daß "da mal
etwas war", im Unterbewußtsein kommt ihm vielleicht
der Gedanke, daß schließlich alle Menschen von Gott
abstammen. Doch in diesem Moment bleibt nur eine Lücke.

Die Indianer indessen haben gezeigt, daß sie zwar zu
Kompromissen bereit sind, aber keinen anderen Mythos
akzeptieren: "Leon turned to look up at the high blue
mountains in the deep snow that reflected a faint red light
from the west. He felt good because it was finished,
and he was happy about the sprinkling of the holy water;
now the old man could send them big thunderclouds for
sure."[260]

Leon hat zwar erkannt, daß auch das eigene Wertsystem
nicht mehr intakt ist, daß es sich nicht mehr uneingeschränkt verteidigen läßt, doch er hält es immer noch
für das effektivere. Damit drückt er zugleich die Botschaft des implizierten Autors aus, der durch seine
Steuerung des Lesers, die insbesondere auf die kritische
Betrachtung und Auseinandersetzung mit dem Priester ausgerichtet ist, ebenfalls zeigen will, daß das Wertsystem
der Weißen noch weniger intakt ist.

---

259) ibid., p. 8.
260) ibid., p. 8.

3. "Bravura" von Leslie Silko

Standen bei "Kaiser and War" die Wertung des moralischen Normensystems und bei "The Man to Send Rain Clouds" religiöse Kategorien im Mittelpunkt, so sind die Wertungen in Leslie Silkos "Bravura" ästhetisch zu nennen. Die Kurzgeschichte ist durch den Ich-Erzähler autobiographisch gestaltet. Dieser tritt als Leser-steuerndes Element in den Vordergrund, während der Protagonist "Bravura", durch die Perspektive des Erzählers gesehen, an eine Marionette erinnert, die dazu dient, bestimmte Normen und Verhaltensweisen zu verdeutlichen.

In der Eigenart dieser Erzählweise liegt auch die Tatsache begründet, daß der Leser über eine Frage des Protagonisten an den Erzähler erfährt, daß Letzterer Indianer ist: "He stretched out and smiled as we pulled away from the duplex. 'You're the native - you lead the way",[261] Der "Poet Bravura", soeben der Universität "entflohen", erwartet eine Bestätigung seiner euphorischen Vorstellungen von dem Indianerland, das er bisher nun als Tourist kennt - wie der Erzähler weiß: "I'm glad you decided to leave the bells and things behind', I said, gesturing at the tambourines and elephant bells that Bravura bought last summer."[262]

Und so bestimmt dieser Kontrast zwischen den romantischen Vorstellungen des Protagonisten, basierend auf dem Image vom "Edlen Wilden", und der realistischen Betrachtungsweise des indianischen Erzählers den gesamten Dialog. Das beginnt bereits auf der Fahrt in die Indianerreservation. "The mighty Rio Grande!" ruft "Bravura" aus, als sie den Fluß überqueren, doch sein Gesprächspartner antwortet

---

[261] Leslie Silko, Bravura in: <u>The Man to Send Rain Clouds</u>, ed. Kenneth Rosen (New York, 1974) p. 149.

[262] ibid., p. 149.

nur kurz "It's dry", I said that because Bravura was
waiting for me to say something".[263] Die Äußerungen
des Erzählers werden sogar spöttisch, als sich die
beiden über "Bravuras" Bart unterhalten: "I still think
you should have shaved off your beard. People out
here are suspicious of things like that." Bravura gave
me an impatient look. "The Spanish people out here
are accustomed to beards - you forget that".
"But you've got a blond beard."[264] Mit der Erwähnung
des blonden Bartes rekurriert der Erzähler bewußt auf
die Vorstellung vom "Anglo-Saxon", die sowohl weißen
wie indianischen Lesern - wenn auch aus verschiedenen
Blickwinkeln - bekannt ist. Gleichzeitig symbolisiert
dieser blonde Bart die Zeit, in der "Bravura" stehengeblieben ist. Dies wird einige Zeilen weiter noch
deutlicher: "Piedra Lumbre is right below the rim. Can
you see it? I tried to point it out, but Bravura was
looking too far east."[265] Ganz bewußt wird hier die
Himmelsrichtung Osten als Gegensatz zu dem von weißen
Amerikanern immer noch mythologisierten Westen erwähnt.
"Bravura" teilt diese "Westen-Mythologie" mit den anderen Weißen, doch in Wirklichkeit ist er in der Vergangenheit, im Osten, stehengeblieben.

Die vom Erzähler ausführlich wiedergegebenen ständigen
Lobgesänge des Protagonisten auf dieses Indianerland
steigern sich schließlich für den Leser zur Ironie:
"God, it's beautiful to have quiet, clean air. But it's
the people - these simple warm-hearted souls who live
here - that make me want to write about Life."[266] Diese
Äußerung vor dem Hintergrund der Charakterisierung des
"old Jew Mexican" Dan Gonzales, der "Bravura" nach Strich

---

[263] ibid., p. 149.
[264] ibid., p. 150.
[265] ibid., p. 150.
[266] ibid., p. 152.

und Faden ausnimmt, macht dem Leser noch einmal
klar, wie unrealistisch der Protagonist seine Umgebung sieht.

Der Ich-Erzähler reagiert auf "Bravuras" offensichtliche Naivität mit scheinbarem Mitleid. "That answered
my question. The old Jew Mexican was really taking
Bravura. It made me mad, not because of Bravura but
because Dan was always doing something like that."[267]
Auch wenn er "Bravura" wenig später eine Cola kauft, macht
der Erzähler hier doch klar, daß ihm der Protagonist
weniger leid tut als das Verhalten des gerissenen Geschäftsmannes, der alle über das Ohr haut - Weiße wie
Indianer. Daher müssen alle Interesse daran haben,
dessen Praktiken zu beenden. Doch "Bravura" teilt dieses
Interesse nicht; er versucht, die unangenehmen Erlebnisse,
die nicht in sein Bild vom "Indianer-Land" passen, möglichst schnell zu verdrängen. "Bravura turned red and
walked faster."[268] Als sich dann jedoch auch noch einige Kinder über den Protagonisten lustig machen und
ihm "goat whiskers" zurufen, kommt es endgültig zur Umkehrung der traditionellen Rollen. Nicht mehr der Weiße
zeigt hier großmütig Verständnis für die Weltfremdheit
der "Edlen Wilden", sondern der Indianer kann sich eines
gewissen Mitleids gegenüber der Naivität des Weißen nicht
erwehren. "Don't let them bother you. Kids always act
that way.' As I said that I almost felt sorry for Bravura."[269]
Der Protagonist versucht sich anschließend zwar in der
von ihm gesehenen Rolle als Beschützer und ärgert sich
darüber, daß zwei Büchsen Cola 40 Cents kosten: "...
'how do you expect these people to eat when you charge
so much?'"[270] Doch der Erzähler blockt diesen Vorstoß
damit ab, indem er dem Leser erklärt, daß die Getränke

---

[267] ibid., p. 152 f.
[268] ibid., o. 153.
[269] ibid., p. 153.
[270] ibid., p. 153.

gekühlt seien. Es scheint bezeichnend, daß "Bravura"
derartige Kleinigkeiten unangemessen hoch bewertet.
Der Leser, vom Erzähler ausführlich informiert, wird
an dieser Stelle einmal mehr in die Perspektive des
Erzählers gedrängt.

Der Protagonist, der selbst den Gestank der Ziegen genießt, und dem auch die Belästigung durch Fliegen überhaupt nicht zu viel wird, macht sich schließlich mit der Bemerkung "how the people who are born in this country appreciate it the least, how it takes someone from the outside to really appreciate it."[271] vollkommen lächerlich. Im Widerspruch dazu steht nämlich seine Antwort auf die Frage des Erzählers, wie es mit dem Schreiben steht: "I haven't gotten around to anything yet, but I've been getting settled."[272] Wieso, so muß sich hier der Leser fragen, dauert es so lange bei diesem einfachen Lebensstil, den der Protagonist vorgibt zu praktizieren, bis er sich eingerichtet hat? Mit dem Begriff "Settled" gibt der Erzähler dem Leser eine Hilfestellung, die Lücke, warum "Bravura" nicht schreibt, zu füllen. "Settle" deutet nämlich zugleich auf "Settlers" - auf eine Zeit also, die lange zurückliegt und für die Indianer leid- und unheilvoll war. Der Protagonist entlarvt sich also in der ironisch gefaßten Schlußbeschreibung selbst, weil er offensichtlich in der Zeit der Besiedlung stehengeblieben ist, während er andererseits vorgibt, auf Seiten der Indianer zu stehen.

Durch die Sichtlimitierung beim Leser erreicht der implizierte Autor auch in dieser Kurzgeschichte - ähnlich wie in "The Man to Send Rain Clouds" - den Leser Handlung

---

[271] ibid., p. 154.
[272] ibid., p. 154.

und Figuren aus einer bestimmten Perspektive sehen
zu lassen. Ganz gezielt werden wiederum fast alle
indianischen Elemente - die gerissenen Händler sind
"Mexicans" - in den Hintergrund gedrängt, um die
Verhaltensweisen des weißen Protagonisten umso klarer
aufzuzeigen. Dabei geht es dem Autor gar nicht darum,
"Bravura" lächerlich zu machen oder indianische Werte
als die besseren hinzustellen, sondern er zeigt vielmehr, daß rein idealisierte Wertmaßstäbe zu einem unrealistischen Bild der gegenwärtigen Situation der Indianer führen. So muß auch der Name des Protagonisten gedeutet werden: "Bravura" enthält das Adjektiv "brave" -
ein ironischer Hinweis auf die Tapferkeit der Siedler
und ihrer Vorstellungen über die Indianer. "Bravura"
weckt zugleich Assoziationen an Westernhelden und an
den Spanier Kolumbus, mit dem das Elend für die Indianer begann.

4. Abschließende Betrachtung der Kurzgeschichten

Die hier analysierten drei indianischen Kurzgeschichten
rekurrieren auf moralische, religiöse und ästhetische
Normen in der Tradition weißer und indianischer Gesellschaftsformen. Nur durch die verbindende Darstellung
beider Normen- und Wertsysteme ist ein Verständnis dieser Erzählungen, sowohl seitens des weißen wie des indianischen Lesers, möglich. Die indianischen Autoren betonen zwar die Verbundenheit mit ihren Völkern - wie
Leslie Silko in seinem drei Sätze langen Lebenslauf:
"I gew up at Laguna Pueblo. I am of mixed-breed ancestry,
but what I know is Laguna. This place I am from is everything I am as a writer and human being."[273]

---

[273] The Man to Send Rain Clouds, ed. Kenneth Rosen,
(New York, 1974) p. 176.

Doch läßt sich der Einfluß weißer Kultur, insbesondere Literatur, den sie mit ihrer Bildung genossen haben, anhand der literarischen Werke nachweisen. Nur die genaue Kenntnis der literarischen Techniken weißer Schriftsteller ermöglicht es ihnen, den Leser so zu steuern, daß er ihre Perspektive erkennt. Zugleich verbinden die Indianer-Autoren die Techniken der Weißen mit indianischen Elementen, wie sie zum Beispiel in den Naturbeschreibungen oder in der Farbensymbolik zum Ausdruck kommen. Hier liegen die besonderen Bezüge für die indianischen Leser zu diesen Kurzgeschichten.

> "Language is a way of life. I do not wish to regard language merely as a mechanically functional tool, but as a way of life which is a path, a trail which I follow in order to be aware as much as possible of what is around me and what part I am in that life. I never decided to become a poet. An old-man relative with a humpback used to come to our home when I was a child, and he would carry me on his back. He told stories. My mother has told me that. That contact must have contributed the language of myself."[274]

erklärt Simon Ortiz in seinem Lebenslauf und bestätigt damit die Verbindung zwischen moderner Indianerliteratur und den mündlichen Überlieferungen der Vergangenheit.

Vor diesem Hintergrund wird der Sinn der Kurzgeschichten verständlich. Sie sind nicht vordergründige Protest-Literatur. Man ist sich darüber klar, daß man mit den Weißen zusammenleben muß, ohne jedoch die letzten Reste an Eigenständigkeit verlieren zu wollen. Die Autoren vergleichen beide Wertsysteme miteinander und stellen fest, daß beide Nachteile und Fehler haben. Trotzdem, so die Botschaft an den Leser, erscheint ihnen aber das indianische immer noch als das etwas bessere.

---

[274] ibid., p. 174.

C. Der Roman "Winter In The Blood" von James Welch

1. Grundstrukturen der Erzählung

Wie in den indianischen Kurzgeschichten sind auch in dem Roman "Winter In The Blood" die Erzähl-Strukturen sogleich ersichtlich. Der indianische Ich-Erzähler tritt als Ureinwohner zunächst nicht weiter in Erscheinung, sondern der Leser muß aus der detaillierten Beschreibung der Handlungsorte die dadurch allerdings offensichtliche Herkunft des Protagonisten herleiten. Die Charakterisierung der erzählenden Hauptfigur erfolgt durch das Darstellen der verschiedenen Konfliktsituationen, die sich in zwei Bereiche unterteilen lassen: die inneren, in der Person des Protagonisten angesiedelten und die äußeren, in die Handlung oder Beschreibung eingebetteten Konflikte, wobei zwischen beiden natürlich eine enge Relation besteht. So zählen zu den inneren Konflikten erstens die ständig wiederkehrenden Gedanken des Erzählers an das Ende seines Bruders und seines Vaters, die gleichsam als Todesmotiv die gesamte Handlung steuern, zweitens seine innere Leere gegenüber der derzeitigen Situation und im Verhalten den weißen Mitmenschen gegenüber wie auch die inneren Auseinandersetzungen mit Mutter und Stiefvater. Die äußeren Konflikte treten - wiederum in zwei Gruppen unterteilt - durch die erzählerische Gestaltung der indianischen Vergangenheit, als sich die verschiedenen Stämme noch untereinander bekriegten, sowie durch die Darstellung des Verhältnisses der Indianer zu den Weißen und der Weißen zueinander, auf. Der Protagonist ist umgeben von zwei Gruppen von Nebenfiguren: Seine indianischen Angehörigen, die durch den Protagonisten näher charakterisiert werden und die zahllosen weißen Bekannten als grob gezeichnete, minderwertige Charaktere.

Eingeblendet in die fiktive Gegenwartshandlung sind die
Erinnerungen des Erzählers an die Vergangenheit, die
zum einen - etwa im Gespräch mit dem alten Yellow Calf -
allgemein historisch erscheinen,[275] zum anderen in den
Gedanken an den Tod des Bruders zum Ausgangspunkt für
den persönlichen Konflikt werden.[276]
Erst in dem klimaktisch gestalteten Schluß wird der
eigentliche Stellenwert des "Todesmotivs" deutlich.

Die Lesersteuerung erfolgt - wie auch bei vielen der
indianischen Kurzgeschichten - zum einen durch die Darstellung weißer und indianischer Mythen und Symbole und
ihrer Relation zueinander, sowie zum anderen durch die
intendierte Negierung einer expliziten Beschreibung moralischer Normen und Werte, die dem Leser lediglich
durch bewußt geschaffene Lücken aus dem Handlungszusammenhang deutlich werden.

2. Die Farbensymbolik

Ähnlich wie Leslie Silko in der Kurzgeschichte "The Man
to Send Rain Clouds" bedient sich auch Welch der Farbensymbolik, um zwischen weißen und indianischen Lesern
zu vermitteln. Interessanterweise rekurriert der Autor
aber ebensowenig wie Leslie Silko auf die traditionelle
indianische Farbensymbolik, wie sie in den Autobiographien
Lame Deers und Black Elks beschrieben werden.

Da man eine Kenntnis dieser Tradition - zumindest bei
weißen Lesern wie auch bei jungen Indianern - wohl kaum
voraussetzen kann, hat die in diesen neuen literarischen
Werken angewandte Farbensymbolik nur für "eingeweihte"

---

[275] James Welch, Winter In The Blood, (New York, 1975)
p. 171 f.

[276] ibid., p. 161 f.

Indianer die Aufgabe, Verbindungsglied zur Vergangenheit zu sein. Für die übrigen Leser verdeutlicht sie zunächst die innere Einstellung des Protagonisten zur Natur, jene enge, intime Verbindung.

Dies wird bereits im ersten Kapitel sichtbar:

> "The roof had fallen in and the mud between the logs had fallen out in chunks, leaving a bare grey skeleton...
> ... the Little Rockies looked black and furry in the heat haze...
> It could have been the country, the burnt prairie beneath a blazing sun, the pale green of the Milk River Valley, the milky waters of the river..."277)

In Verbindung mit Alliterationen wird die Farbensymbolik mit ihrem Gegensatz drohend-düsterer und verwaschen-heller Töne hier bereits zur Introduktion der nun beginnenden Handlung.

Dabei hat die Farbensymbolik jedoch nicht allein die Aufgabe, die Beziehung zwischen Protagonist und Natur zu verdeutlichen, sondern sie lehnt sich bewußt auch an weiße Mythen an:

> "... I had found a red and white spoon in my father's toolbox. The treble hook was rusty and the paint on the spoon flecked with rust."278)

Bemerkenswert ist hier die Beziehung zwischen den Farben rot, weiß und braun, wie auch an anderen Stellen die Beziehungen zwischen den Farben rot, weiß und blau:

> "I pointed out a couple that looked good for our purposes, one a white Chrysler with red upholstery... It was a Ford Falcon and it was blue, faded, dull blue, all over." 279)

---

277) ibid., p. 3 f.
278) ibid., p. 9.
279) ibid., p. 110.

Sicher nicht zufällig verkörpern hier die allseits
bekannten Automarken, Fortschritt und Mobilität aus-
drückend, zusammen mit den Farben des Sternenbanners
das politische Unbehagen der indianischen Ureinwohner
gegen den amerikanischen Staat, der sich mit der Natur
nicht so "unique" weiß, wie die Indianer. Immer wenn
die Harmonie mit der Natur, insbesondere symbolisiert
durch die Farben grün und blau, gestört ist, tritt im
Kontext die Farbe "Rot" - gleichsam in der Funktion
eines "Warnsignals" - auf. Ähnliches gilt für "Rosa"
und "Lila". So zum Beispiel bei der Deskription zwie-
lichtiger Gestalten in den diversen Bars, mit denen der
Protagonist in Kontakt kommt [280] oder der detaillierten
Betrachtung der Kleidung. "His shirt, tie, handkerchief
and belt were various shades of green and red to match
the suit" und "She had painted her stern lips a bright
red"[281] heißt es anläßlich der Beerdigung der alten Großmutter in der Beschreibung Lame Bulls und dessen Frau,
der Mutter des Protagonisten. Der mehr "dezente" Einsatz
der Farbe rot verdeutlicht an dieser Stelle noch einmal
das nicht ungetrübte, meist von Gleichgültigkeit geprägte
Verhältnis zwischen Teresa und ihrer verstorbenen Mutter,
was auch in ihrer Bemerkung "Not the best mother in the
world... but a good mother, notwithstanding..."[282] zum
Ausdruck kommt. Die politische Bedeutung der Farbensymbolik wird auch noch einmal an anderer Stelle deutlich:

"A couple of blocks later, I stood in front of a
movie house. There was a double feature playing,
one Western starring John Wayne, the other Randolph
Scott. Both movies looked familiar. They had probably
played in every town in Montana once a year for the
past twenty. On the billboard, Randolph Scott, dressed
in a red double-breasted shirt, white hat and blazing
guns, grinned cruelly at me." [283]

---

[280]   ibid., p. 51, 101.

[281]   ibid., p. 197.

[282]   ibid., p. 198.

[283]   ibid., p. 113.

Die amerikanischen Nationalfarben rot und weiß, bezeichnenderweise in Verbindung mit einem Western-Film, unterstreichen einmal mehr die politische Intention des Autors - hier ausgedrückt durch das persönliche Verhältnis des Erzählers zu den Kinoplakaten, die er als grausam empfindet.

In den Naturbeschreibungen des Erzählers treten vor allem die Farben grün, blau, weiß und gelegentlich auch braun auf: "There was no wiper on my side and the landscape blurred light brown against grey."[284] Insbesondere die Farbe "Grün" symbolisiert die Verbindung zwischen Mensch und Natur, was gelegentlich - etwa bei der Deskription von Kleidern der handelnden Figuren - vom Erzähler sogar besonders hervorgehoben wird: "Her dress was tight and shiny across her tighs, the dark green reminding me of a mermaid I had seen once."[285] Die Tatsache, daß der Erzähler sich hier an ein Fabelwesen statt an ein natürliches Lebewesen erinnert fühlt, unterstreicht einmal mehr die traditionell-starke Bindung der Ureinwohner an mythische Kräfte und Wesen.

Doch nicht nur den Indianern wird die Verbindung zur Natur zugestanden, sondern auch bei den Weißen gibt es Hinweise auf die Farbe Blau - zum Beispiel bei der Kleidung.[286] Auch sie haben den Kontakt zur Natur noch nicht ganz verloren, stehen ihr jedoch sehr viel ferner als die Ureinwohner.

Die Symbolik der Farben dient zugleich der atmosphärischen Schilderung. Dies gilt insbesondere für die Farbe "Schwarz",

---

[284] ibid., p. 47.
[285] ibid., p. 89.
[286] ibid., p. 67.

die, ganz weißen Vorstellungen entsprechend, Tod und Trauer symbolisiert. "... the fields of alfalfa, long since cut and baled, turned black beneath a black sky that refused to rain."[287] heißt es in dem Kapitel, in dem die detaillierte Beschreibung von Moses Unfall beginnt und später bei der Beerdigung der Großmutter wird "Schwarz" noch einmal explizit durch Teresas Trauerkleidung zur Symbolfarbe des Todes erhoben.[288] Zwei weitere Farben, die ebenfalls in Verbindung mit dem Todes- und Einsamkeitsmotiv des Romans, auf das an anderer Stelle noch näher eingegangen wird, stehen, sind "Grau" und "Gelb". Beide Farben spielen nicht nur bei Moses Tod eine bedeutende Rolle[289] sondern weisen auch an anderen Stellen auf die Nähe des Todes und der Einsamkeit hin. Ein Beispiel ist hierfür der Name Yellow Calf, eines alten Mannes, der dem Tod nahe ist. Bereits in diesem Namen zeigt sich ein Kontrast, wie er auch innerhalb der Farbsymbolik des öfteren deutlich wird. So tritt die Farbe "Schwarz" nicht allein in Verbindung mit dem Tode auf, sondern mehrfach auch bei der Beschreibung noch recht lebendiger Menschen - hier wird vor allem des öfteren die schwarze Haarfarbe herausgestellt. Ebenso erscheint "Weiß" nicht immer nur im Zusammenhang mit lebenden Bildern aus der Natur, sondern gelegentlich auch als Farbe des Todes:

"And so we shared this secret in the presence of ghosts, in wind that called forth the muttering tepees, the blowing snow, the white air of the horses' nostrils. The cottonwoods behind us, their dead white branches angling to the threatening clouds, sheltered these ghosts as they had sheltered the camp that winter." [290]

---

[287] ibid., p. 115.
[288] ibid., p. 197.
[289] ibid., p. 163.
[290] ibid., p. 179.

Es ist hier jedoch nicht der unmittelbare Tod eines
nahen Verwandten, auf den hier mit Hilfe der Farbe
Bezug genommen wird, sondern der historische Tod
eines ganzen Indianervolkes, der dieser Farbensymbolik gleichsam politische Dimensionen verleiht.

Ähnliches gilt schließlich auch für die schon eingangs
- in Verbindung mit dem Rost an einer Angel - erwähnte
Farbe Braun, die, in Zusammenhang mit dem Namen Mussolini, ebenfalls eine politische Bedeutung erhält.[291]
Andererseits dient aber "Braun" - völlig unpolitisch -
auch zur Natur- und Landschaftsbeschreibung, allerdings
häufig im Zusammenhang mit abgestorbenen Pflanzen und
ausgedörrten Weiden.[292]

Die Kontraste, die der Erzähler hier innerhalb einzelner Farb-Begriffe schafft, symbolisieren zugleich dessen
innere Zerissenheit, sein Schwanken zwischen Optimismus
und Pessimismus, zwischen Tod und Leben, seine Einsamkeit, was an einer Stelle besonders deutlich zum Ausdruck kommt: "A lonely moment - that man in the green
field, the hills beyond and the grey sky above".[293]
An anderer Stelle heißt es:

> "I never left the softness of her body. The first
> light of dawn caught me draped over her belly, my
> chin in the hollow of her shoulder, my eyes staring
> at a coarse black hair on the white pillow. A rectangle of sun began to spread across the bed, framing our bodies for none to see."[294]

Auch hier in dieser für den Protagonisten schizophrenen
Situation (er liegt mit einer Frau im Bett, die er gerade

---

[291] ibid., p. 104.
[292] ibid., p. 47.
[293] ibid., p. 48.
[294] ibid., p. 136.

zuvor kennengelernt hat und kann sich seine Gefühle zu ihr in keiner Weise erklären) weist nicht nur die Symbolik der Farben Schwarz und Weiß, sondern insbesondere deren Kontrast auf dessen inneren Zustand.

In allen aufgezeigten Beispielen rekurriert der Erzähler also nicht auf die alte, religiös-fundierte indianische Farbensymbolik, sondern ausschließlich auf ein von ihm geschaffenes Normensystem, das zum Teil die weißen Vorstellungen von bestimmten Farben mit einbezieht. Das gilt selbst für die Deskription von Träumen oder historischen Rückblenden und es erhebt sich daher die Frage, warum der Autor seinen Erzähler die indianische Farbensymbolik völlig ignorieren läßt. Vermutlich waren es zwei Gründe:

1. Da die Farben innerhalb der indianischen Stämme zum Teil verschiedene Bedeutungen haben, wäre ein Bezug auf die indianische Farbensymbolik selbst für Ureinwohner-Leser zu kompliziert geworden.

2. Die Verwendung indianischer Farbensymbolik wäre aber erst recht für den weißen Leser, an den sich das Werk mindestens ebenso wie an den Ureinwohner wendet, ohne Kenntnis mehrerer indianischer Autobiographien oder ethnologischer Abhandlungen, vollkommen unverständlich gewesen.

3. Weitere Symbole und Mythen

Rekurriert die Farbensymbolik also bewußt nicht auf indianische Mythen, so gilt das keinesfalls für alle Symbole und Normen innerhalb des Werkes. Dennoch fällt es bei diesem Roman ebenso schwer wie bei den Kurzgeschichten, originär-indianische Elemente zu entdecken. Besonders ist in diesem Zusammenhang das Geschichtsbewußtsein des Protagonisten zu betrachten, das allerdings nur indirekt - durch das Verhalten der Großmutter oder in Gesprächen mit Yellow Calf - zum Ausdruck kommt, dafür aber umso authentischer wirkt. Ein Beispiel ist das feindselige Benehmen der Großmutter gegenüber der indianischen Freundin des Erzählers, in dem deutlich wird, daß die Geschichte der Ureinwohner, das konkurrierende Verhalten der Stämme untereinander, bis in die Gegenwart hinein präsent geblieben ist: "The old lady imaged that the girl was Cree and enemy and plotted ways to slit her throat."[295] Für den weißen Leser, der nicht so genau über die einzelnen Stammestraditionen informiert ist, könnte hier der vordergründige Eindruck entstehen, es handele sich um eine uralte Fehde zwischen beiden Indianer-Völkern. Das ist jedoch nur teilweise richtig, haben sich die Cree doch vor allem durch ihre Bündnisse mit den Weißen gegen andere Stämme so unbeliebt gemacht, daß die negativen Gefühle gegen sie, etwa unter den Sioux, noch heute weit verbreitet sind. Da dies jedoch unter den Weißen weitgehend unbekannt ist, kann die indirekte Anspielung durch die Großmutter wohl mit Recht als eine Information vor allem an den indianischen Leser verstanden werden.

An anderer Stelle macht der Erzähler die Gefühle seiner Großmutter, die, wie sich nun herausstellt, auch seine eigenen sind, dem weißen Leser ebenfalls klar:

"She was Cree and not worth a damn. Not worth going after. My grandmother, before she quit talking, had

---

[295] ibid., p.7.

> told me how Crees never cared for anybody but
> themselves. Crees drank too much and fought
> with other Indians in bars, though they had
> never fought on the battlefield. She told me
> how Crees were good only for the white men
> who came to slaughter Indians. Crees had
> served as scouts for the mounted soldiers and
> had learned to live like them, drink with them
> and the girls had opened their tighs to the
> Long Knives."296)

Die Einstellung des Erzählers wird auch an dieser
Stelle wieder nur indirekt wiedergegeben, so daß dieser seine neutrale Position nicht aufgeben muß. Ähnlich
ist seine Haltung auch in den Gesprächen mit dem alten
Yellow Calf, als dieser die Vergangenheit beschwört:
"There was a time..."297) An dieser Stelle bleibt zunächst eine Lücke in der Erzählung, die erst geschlossen wird,
nachdem der Protagonist zwischen dem alten Indianer
und sich eine Distanz geschaffen hat:

> "Something about those eyes had prevented me from
> looking at him. It had seemed a violation of something personal and deep, as one feels when he comes
> upon a cow licking her newborn calf. But now, something else, his distance, made it all right to study
> his face, to see for the first time the black dots
> on his temples and the bridge of his nose...
> Between his half-parted lips hung one snag, yellow
> and brown and worndown, like that of an old horse.
> But it was his eyes, narrow beneath the loose skin
> of his lids, deep behind his cheekbones, that made
> one realize the old man's distance was permanent."298)

Es besteht zunächst einmal keine persönlich-menschliche
Beziehung zwischen dem Erzähler und jener Zeit, als sein Volk
von den Weißen in die Reservation getrieben wurde - im
Gegensatz zu der, durch die Gedanken an den toten Bruder
und Vater eingeblendeten, selbst erlebten Vergangenheit.

---

296) ibid., p. 41.
297) ibid., p. 171.
298) ibid., p. 172.

Die Verbindung zur Geschichte ist vielmehr mysteriös, geheimnisvoll, distanziert, wie die Konfrontation mit dem werdenden Leben. Beides entspricht übrigens nicht indianischer Tradition und somit wird hier deutlich, daß beim Erzähler zwar noch ein Geschichtsbewußtsein vorhanden, dieses aber nicht ungebrochen ist. Um sich auf seine Herkunft zu besinnen, sich selbst zu verstehen, müssen die Verbindungen zur Vergangenheit zunächst einmal erneuert werden. Das geschieht durch die Erzählungen Yellow Calfs über die Großmutter des Protagonisten, die in jenen Zeiten gelebt, gelitten und geliebt hat. In diesem Moment verliert die Geschichte für den Erzähler ihre schulbuchhafte Abstraktheit und wird lebendig - er vermag sich mit den Traditionen zu identifizieren. Der damit verbundene innere Wandel im Erzähler wird am Handlungsverlauf sichtbar: wurde die Großmutter anfangs als wunderliche, verkalkte alte Frau beschrieben, so erkennt der Protagonist angesichts ihres Todes doch noch ihre wirkliche Rolle und verfolgt mit innerem Unwillen die von weißen Bräuchen bestimmte - und darum für ihn leere Beerdigungszeremonie. Das sukzessive Auftreten des alten Indianers im Roman, dem der Protagonist zunächst Mißtrauen entgegenbringt, der aber schließlich der einzige Mensch ist, mit dem er sich noch vertrauensvoll unterhalten kann, unterstreicht diesen inneren Wandel.

Yellow Calf ist es auch, der die Rückbesinnung des Protagonisten auf das Verhältnis zwischen Mensch und Natur, der Grundlage indianischer Lebensphilosophie, neu belebt. In dem Gespräch zwischen dem jungen und dem alten Indianer werden originär-indianische Elemente besonders deutlich, denen der Protagonist zunächst mit unverhüllter Ironie entgegentritt. Dadurch kann sich der Leser mit dem allein lebenden, gebrechlichen alten Mann identifizieren und dessen Ansichten - gegen die Überheblichkeit des Protagonisten - akzeptieren.

"... 'But I can't help but feel there's something wrong with you. No man should live alone.' 'Who's alone? The deer come - in the evenings - they come to feed on the other side of the ditch. I can hear them. When they whistle, I whistle back.' 'And do they understand you?'
... 'Mostly - I can understand most of them.' 'What do they talk about?' 'It's difficult... about ordinary things, but some of them are hard to understand.' 'But do they talk about the weather?' 'No, no, not that. They leave that to men... No, they seem to talk mostly about...' - he searched the room with a peculiar alertness - 'well, about the days gone by. They talk a lot about that. They are not happy'
... 'Ah, a matter of seasons! When their bellies are full, they remember when the feed was not so good - and when they are cold, they remember...' 'No!' The sharpness of his own voice startled him, 'I mean it goes deeper than that. They are not happy with the way things are. They know what a bad time it is. They can tell by the moon when the world is cockeyed.'"[299]

Das Gespräch mit Tieren, für die Indianer das Eins-Sein mit der Natur symbolisierend, ist ein originär-indianisches Element, wie wir es auch zum Beispiel in der Autobiographie Lame Deers[300] finden und entspricht alter Tradition. Problematisch wird hier die Steuerung des weißen Lesers, der - in Unkenntnis dieser Traditionen - geneigt sein könnte, Yellow Calfs Äußerungen als Geschwätz eines nicht mehr ganz zurechnungsfähigen Greises abzutun. Doch der Erzähler steuert die Sympathien durch die inhaltliche Gewichtigkeit von Yellow Calfs Erzählungen, die schließlich auch einem uninformierten Leser als würdevolle Altersweisheit gegenüber jugendlicher Unerfahrenheit erscheinen müssen.

In diesem Zusammenhang erhalten auch die vom Erzähler in die Handlung immer wieder eingeflochtenen Naturbeschreibungen neue, weitere Dimensionen, entpuppen sie sich doch

---

[299] ibid., p. 78 f.
[300] vgl. J. Lame Deer/R. Erdoes, Lame Deer Seeker of Visions, p. 119 f.

letztlich ebenfalls als - vom Protagonisten zunächst
nicht wahrgenommenes - indianisches Element. Es wird
an dieser Stelle jedoch auch erneut die Schwierigkeit,
die durch das Rekurrieren auf indianische Traditionen
entsteht, deutlich, denn die Darstellung muß in einer
Weise erfolgen, daß sie beiden Lesergruppen - Indianern
und Weißen - gleichermaßen verständlich wird. Diese
Forderung verlangt vom Autor Kompromisse in seiner
Darstellungsweise. Inwieweit sie von Vor- oder Nachteil
für die vom Autor vertretene Minorität sind, soll noch
an anderer Stelle erörtert werden.

4. Die Lesersteuerung

Die Sympathiesteuerung des Lesers durch den Erzähler
wurde in den vorangegangenen Teilen bereits an einigen
Stellen des Romans aufgezeigt. Wichtig erscheint aber
daneben eine differenzierte Betrachtung der Darstellungsweise weißer und indianischer Figuren. Es ist eigentlich
nicht sonderlich überraschend, daß die auftretenden weißen
Personen durchweg negativ gezeichnet sind. Daß dies jedoch weniger an den Figuren selbst als vielmehr an der
Umgebung, in der sich der Protagonist bewegt, liegt,
macht der Erzähler durch seine detaillierten Milieu-
Schilderungen klar. Ähnlich heruntergekommen wie die
Bars und billigen Hotels sind auch die dort verkehrenden
Leute: Trinker, leichte Mädchen und Kriminelle, die - so
der Eindruck des Lesers - weniger durch eigenes Verschul-
den als durch das System in die Situation geraten sind,
in der sie sich befinden. Dies wird besonders an der Person jenes Weißen deutlich, den der Protagonist in einer
Bar kennenlernt. Der nicht näher charakterisierte Mann
ist auf der Flucht - wovor erfährt der Leser nicht - und
zieht beinahe den Protagonisten noch mit in den Strudel
der Ereignisse hinein, die mit seiner Verhaftung enden.

In gewisser Weise ist das Verhalten dieses Weißen für
seine Rasse symbolisch: er flüchtet, wohl nicht zuletzt
auch vor sich selber, verhakt sich in den Netzen der
Gesellschaft und wird schließlich gefangengenommen -
ein Gefangener seiner Umgebung, seiner selbst. Daß der
weiße "Flugzeugmann", wie er vom Erzähler wegen der
häufigen Benutzung dieses Verkehrsmittels genannt wird,
dennoch - falsche - Idealvorstellungen hat, wird in
einem Dialog zwischen ihm und dem Protagonisten deutlich:

> "Two girls approached us ... The airplane man offered
> them each a box of chocolate-covered cherries...
> They looked at each other and iggled but accepted...
> 'Did you see the look on their faces? Let this be a
> lesson to you' - he started up the street - 'to give
> is to be blessed.' 'What's so great about that?' I
> said, catching up. 'Anybody can give away candy.'
> 'But I made two fellow human beings happy. How many
> have you made happy today?' ... 'You just didn't know
> what to do with those chocolate-covered cherries.'
> 'I made them happy and that's what counts.' 'You made
> their teeth fall out quicker... You just made their
> teeth fall out quicker, that's all.'"[301]

Geschickt steuert der Erzähler auch hier wieder den -
vor allem weißen - Leser, der durch den Sarkasmus des
Protagonisten förmlich mit der Nase auf die Doppelzüngig-
keit der weißen Moral gestoßen wird, weiß er doch ganz
genau, daß es dem "Flugzeugmann" lediglich darum geht,
die soeben in einem Glücksspiel gewonnenen Pralinen auf
bequeme Art und Weise loszuwerden. Dennoch glaubt der
"Flugzeugmann" - in den Traditionen seiner "Pursuit of
Happiness"-Erziehung verwurzelt - zwei Menschen glücklich
gemacht zu haben. Sein Verhalten wird vom Erzähler durch
die Kontradiktion des Protagonisten entlarvt, zwar auf
indianisch-ironische Art, aber mit weißen Argumenten,
die von einem Zahnärzte-Verband stammen könnten. Auf
diese Weise wird auch der weiße Leser gezwungen, die

---

[301] ibid., p. 107 f.

indianische Argumentation, die sich freilich an dieser
Stelle nicht gegen die Schädlichkeit von Süßigkeiten,
sondern gegen die Moral der Weißen schlechthin richtet,
zu akzeptieren.

Bemerkenswert ist indessen das differenzierte Verhalten
der Weißen gegenüber den Indianern, wie es vom Erzähler
dargestellt wird. So behandelt ausgerechnet jener zwielichtige "Flugzeugmann" den Protagonisten wie seinesgleichen. "Here - I'll trade you. I don't want to take advantage of you."[302] äußert er gegenüber dem Protagonisten. Der "Flugzeugmann" steht dabei stellvertretend
für die anderen Charaktere, die der Protagonist in den
Bars und Hotels antrifft. Die Indianer sind von ihrer
Umgebung voll akzeptiert, es gibt keine Äußerung, die
auf eine Diskriminierung schließen läßt. Doch dies bedeutet kein gegenseitiges Verständnis. Die Gespräche
zwischen dem Protagonisten und seinen weißen Zufalls-
Bekannten sind oberflächlich, die Gemeinsamkeiten beschränken sich auf den Alkoholkonsum, der die Realität,
die für diese Weißen nicht weniger hart und eintönig
wie für den Protagonisten ist, vergessen macht.

In dieses Schema passen auch die weißen Frauen, denen
der Protagonist während seiner Odyssee durch die Kleinstädte in der Nähe seiner Reservation begegnet. Sie
werden als vordergründige "Lustobjekte" charakterisiert,
und es ist ihnen gleich, ob sie ihre sexuellen Wünsche
mit einem Weißen oder einem Indianer befriedigen. Eine
offensichtlich negative Haltung gegenüber den Indianern
nehmen dagegen die Weißen der gehobenen Mittelschicht
ein. Als Beispiel sei hier einmal der katholische Priester in Harlem genannt, der sich trotz Teresas Bekenntnis

---

[302] ibid., p. 146 f.

zu seiner Glaubensgemeinschaft weigert, die Reservation
auch nur zu betreten und stattdessen lieber Briefkontakte pflegt; und zum anderen jene wohlhabende Familie,
die mit dem Auto in der Reservation unterwegs ist und
den Protagonisten ein Stück mitnimmt. Nach einer höflichen Konversation im Auto zeigt sich schließlich doch,
daß Indianer immer noch als fremdartige Wesen angesehen
werden.

> "The man let me off opposite the road into the ranch,
> saying to be sure and look them up if I ever got to
> Michigan, saying he really meant it, he was a professor. The daughter handed me a peach wrapped in crinkly purple paper. I thanked her, and him, and the wife,
> and waved, and walked down the incline. 'Can I take
> your picture?' 'Yes,' I said, and stood beside a gatepost. He pointed a small gadget at me; then he turned
> a couple of knobs on the camera, held it to his face
> and clicked."303)

Gibt es zwischen Indianern und weißer Unterschicht also
wenigstens noch negative Gemeinsamkeiten, so klafft hier
die Lücke der Gegensätze auf: die Fremdartigkeit zwischen
beiden Rassen, und die große Distanz der weißen Oberschicht
zur Natur - symbolisiert durch den verpackten Pfirsich.
Die Kontinuität der Erzählweise und die Art der Lesersteuerung sind auch hier beibehalten: die weiße Familie
wird als nett und zuvorkommend geschildert, natürlich ist
man hilfsbereit und nimmt auch einen am Straßenrand stehenden Indianer mit - man bleibt höflich bis zum Schluß und
fragt , ob das Fotografieren gestattet sei. Dieser Wunsch
nach einem Foto des Indianers ist es aber, der indianischen
wie weißen Lesern verdeutlicht, daß die Integration, das
selbstverständliche Umgehen miteinander, auch heute noch
nicht Realität ist. Die Tatsache, daß sich der Protagonist
widerspruchslos fotografieren läßt, beweist auch hier die

---

303) ibid., p. 146 f.

Überlegenheit der Minorität und zwingt - auch den
weißen Leser - in ein Sympathie-Verhältnis mit dem
Protagonisten.

Wie an den vorangegangenen Beispielen gezeigt wurde,
wirbt der Erzähler für sein Anliegen nicht durch Haßge-
fühle, sondern durch eine betont sachliche Erzählhaltung,
die das Sympathiegefühl des Lesers auf die leichte Überlegenheit der Minorität fokussiert. Daher ist es nur konsequent, wenn auch die indianischen Figuren einer differenzierten Darstellungsweise unterliegen. Dies wird besonders im Verhältnis des Protagonisten zu seinem Stiefvater Lame Bull offenkundig. Dieser fühlt sich nach der
Heirat mit Teresa - ganz unindianisch - als stolzer Be-
sitzer. "He enjoyed being a proprietor..."und "Lame Bull
of course drove the bull rake, not because he was best
at it but because it was the proprietor's job"[304]
beschreibt der Erzähler dessen Verhalten,und es verwundert
den Leser denn auch nicht, daß Lame Bull sich in seiner
Wut über die Arbeitsunwilligkeit eines indianischen Land-
arbeiters zu der Bemerkung "That's another thing the
matter with these Indians" hinreißen läßt.[305]

Der Leser stellt fest, daß dieser indianische Landbesitzer,
der sich - wie an anderer Stelle ausführlich beschrieben -[306]
auch äußerlich vollständig seiner weißen Umgebung angepaßt
hat, nur noch nach außen hin "rot", innerlich jedoch
"weiß" ist. "Apples" nennen die Ureinwohner ironisch
jene - nicht wenigen - Vertreter ihrer Rasse, die den
Integrationsprozeß bereits vollzogen haben.

---

304) ibid., p. 30.
305) ibid., p. 37.
306) ibid., p. 197.

Die wiederum objektive, scheinbar völlig wertfreie
Charakrerisierung Lame Bulls wie auch Teresas, die
sich der katholischen Kirche angeschlossen und damit
vom Glauben ihrer Väter bewußt abgewendet hat, gesteht
durchaus die Uneinigkeit innerhalb der Minoritätsgruppe
ein. Der Leser muß den Eindruck gewinnen, daß die indianische Religion und Lebensphilosophie so stark nun
auch wieder nicht ist, als daß sie alle Ureinwohner
zusammenhalten könnte.

In diesem Kontext scheint es nur logisch, daß sich der
Protagonist erst wieder auf die Vergangenheit seiner
Volkes zurückbesinnen - ja, danach suchen muß, um seine
Identität zu finden. Folglich sind die einzigen Figuren,
zu denen er ein wirkliches Vertrauensverhältnis hatte,
sein leiblicher Vater und sein Bruder. Beide waren fest
in der indianischen Tradition verwurzelt - bei First
Raise durch dessen visionsähnliche Träume[307] und bei
Mose durch dessen inniges Verhältnis zur Natur charakterisiert[308] - und konnten daher in ihrer Umgebung nicht
überleben: der eine stirbt an den Folgen übermäßigen
Alkoholkonsums, der andere wird von einem Auto beim Viehtrieb überfahren - beide Opfer der weißen Zivilisation.
Nach dem Tod der beiden Familienmitglieder bleibt dem
Protagonisten schließlich nur noch der alte Yellow Calf,
um ihn den "Indian Way of Life" zu lehren.
Er steht dessen Erzählungen zunächst kritisch gegenüber,
erfährt aber letztlich, daß eine Identitätsfindung ohne
Geschichtsbewußtsein nicht möglich ist. Diese Botschaft,
die der Erzähler hier vermittelt, richtet sich zunächst
sicher an den indianischen Leser, an jene, die zwischen
Tradition und Moderne schwanken wie auch an die "Apples",
die vielleicht schon gar nicht mehr über die Vergangenheit nachdenken. Sie macht aber auch dem weißen Leser
klar, daß die indianische Lebensweise keineswegs vollkommen ist, durch die innige Verbindung mit der Natur, die
ein traditionelles Geschichtsbewußtsein impliziert, der

---

307) ibid., p. 10.

308) ibid., p. 115 f; 127 f.

weißen aber leicht überlegen bleibt, weil sie - wie
beim Protagonisten geschehen - hilft, zu sich selbst
zu finden. Der weiße Leser muß zugleich einsehen, daß
er, ebensowenig wie die Indianer, ohne seine Geschichte
leben kann.

5. Die Erzähltechnik

Betrachtet man James Welchs Roman nur auf die Erzähltechnik hin, so fällt die Eindeutigkeit von Elementen weißer Literaturtradition sofort auf. Dazu zählt die Rückblenden-Technik - der Tod Moses wird zunächst nur andeutungsweise, zum Schluß in detaillierter Beschreibung, in den Handlungsablauf eingeblendet, ebenso First Raises Ende - wie auch die Art der Lesersteuerung durch einen scheinbar objektiven Ich-Erzähler. Ja, selbst die durchweg negative Charakterisierung der Frauen - weißer wie indianischer - kann man als Adaption eines traditionellen Elementes amerikanischer Romankunst betrachten, finden wir sie doch ebenso bei Hemingway und Bellows, um nur zwei Beispiele zu nennen.

Wie auch schon bei den Autoren der Kurzgeschichten wird hier klar, daß Welch sich weißer Hilfsmittel bedient - die ihm von den Weißen in Schule und College selbst an die Hand gegeben worden sind - um sie für die Zwecke seiner Minorität nutzbar zu machen. Das fängt bei der englischen Sprache an und geht bis zu der ausgefeilten Erzähltechnik des Werkes.

Wenn es nun aber keine originär-indianischen Techniken gibt - die, nebenbei, wohl auch keiner erwartet - so bleibt nur eine präzise Betrachtung des Inhalts. Wie

gesagt, stellt sich für den Autor das Problem, die
Anliegen der Minorität für beide Lesergruppen, Indianer und Weiße, gleichermaßen klarzumachen. Dazu ist es
erforderlich, ein für beide Teile gültiges Normensystem
zu schaffen. Der Autor realisiert dies durch seinen
scheinbar objektiven Erzähler, der sowohl im weißen
wie im indianischen System Mängel aufzeigt, dem Leser
die Indianer-Philosophie aber schließlich doch ex-negativ
nahebringt, indem sie als Ursache für die größere Gelassenheit und Toleranz auf seiten der Indianer dargestellt
wird. Es findet jedoch keine primitive Schwarz-Weiß-Malerei
statt, sondern durch die größere Toleranzbreite bei den
Indianern wird der Leser gesteuert, ihre Philosophie als
die leicht überlegenere anzuerkennen, die sogar so tolerant ist, die Weißen miteinzuschließen.

Es findet also quasi eine Integration statt, die auf der
erzähltechnischen Ebene natürlich nachvollzogen werden
muß. Wie dies geschieht, soll an zwei Beispielen gezeigt
werden. Da ist zum einen der immer wiederkehrende, schon
visionsartig zu nennende Traum First Raises von der
Elchjagd im Glacier-National-Park, eine Einblendung,
die ganz im Zeichen indianischer Tradition, wie in den
Autobiographien etwa, steht.[309] Symbolischerweise bleibt
der Traum ein Traum, wie die meisten Wümsche und Vorstellungen der Indianer seit ihren Auseinandersetzungen mit
den Weißen.

Demgegenüber schließt jene Geschichte von den drei weißen
Amerikanern auf Löwenjagd in Afrika, die der Protagonist
in einer Illustrierten findet, mit einem "Happy End":

> "I had read all the stories, so I reread the one
> about three men in Africa who tracked a man-eating

---

[309] ibid., p. 10.

lion for four days from the scene of his latest kill
- a pregnant black woman. They managed to save the
baby, who, they were surprised to learn, would one
day be king of the tribe. They tracked the lion's
spoor until the fourth day, when they found out that
he'd been tracking them all along. They were going
in a giant four-day circle. It was very dangerous,
said McLeod, a Pepsi dealer from Atlanta, Georgia.
They killed the lion that night as he tried to rip
a hole in their tent. I looked at the pictures again
One showed McLeod and Henderson kneeling behind the
dead lion; they were surrounded by a group of grin-
ning black men..."310)

Das erste Beispiel, für indianische Leser vermutlich aus-
sagekräftiger als für Weiße, vermittelt die Resignation
der Minorität, während im zweiten die Stärke der Majorität ironisiert wird. Auch hier kommt wiederum die leicht
überlegene Haltung der Ureinwohner zum Ausdruck, die jedoch Raum für die Integration läßt, während das bei der
weißen Lebensauffassung nicht der Fall ist.

Ein weiteres Mittel, das der Autor benutzt, um die Toleranz und Integrationsbereitschaft seiner Rasse zu betonen, ist die Charakterisierung der Figur Moses, die
allein schon durch die Erzähltechnik eine zentrale Rolle
in der Handlung einnimmt.

Bereits der Name "Mose" bei einem Indianer deutet dies
an und tatsächlich praktiziert der Bruder des Protagonisten Kompromisse zwischen traditioneller indianischer
Lebensweise und weißer Zivilisation, indem er einerseits
Münzen sammelt und sich die technischen Geräte der Weißen
zunutze macht, andererseits aber immer wieder die Verbundenheit mit seiner Heimat, mit der Natur, sucht.

---

310) ibid., p. 16.

Die Integrationsbereitschaft wird dem Leser letztlich
aber auch noch durch die detaillierten geographischen
Beschreibungen seitens des Erzählers signalisiert: der
Protagonist hat seine Umgebung voll akzeptiert - so,
wie sie ist. Die Hinweise des Erzählers auf Mißstände
in der Welt der Weißen machen aber andererseits deutlich, daß diese Welt wohl akzeptiert wird, man sich
aber nicht absorbieren lassen möchte. Das kann nur
verhindert werden - so macht der Erzähler dem Leser
durch das Verhalten des Protagonisten klar - wenn man
sich neu auf seine Herkunft besinnt. Eine solche Besinnung macht es sogar möglich, Tod und Einsamkeit -
zunächst die Hauptmotive in der Erzählung - zu ertragen.

Ein weiteres Mittel der Technik in "Winter in the Blood"
ist die Sprache, die es weißen und indianischen Lesern
gleichermaßen leicht macht, sich mit der Handlung zu
identifizieren. Entsprechend dem Milieu, in dem sich
der Protagonist vornehmlich bewegt, sind die zahlreichen
Dialoge mit teilweise deftigen Slang-Ausdrücken durchsetzt. Es sind jedoch nicht nur die Weißen, die sich
einer niedrigen Umgangssprache bedienen, sondern auch
die Indianer haben sie - wie Lame Bull zum Beispiel -
voll adaptiert.

Auf diese Weise wird die Sprache zugleich zum Mittel
der Lesersteuerung; insbesondere der weiße Leser kann
sich leichter auch mit den in indianischem Milieu spie-
lenden Handlungen identifizieren, während die Slang-
Ausdrücke andererseits aber auch für den indianischen
Leser vertraut sind und ihm helfen, den Plot voll zu
akzeptieren. Darüberhinaus symbolisiert die im Roman
verwendete Sprache einmal mehr den bis zu einem Grade
bereits vollzogenen Integrationsprozeß der Minorität
und ihre Bereitschaft zum Kompromiß mit den Weißen.

6. Abschließende Betrachtung des Romans

Nach der detaillierten Betrachtung der Charakteristika des Romans "Winter in the Blood" stellt sich am Ende nun die Frage nach der Gesamtaussage für den Leser, auch im Rahmen der anderen literarischen Werke der Indianer. Wie erwähnt, fällt es bei diesem Roman schwer, typisch indianische Elemente sogleich zu erkennen. So finden wir das Einsamkeitsmotiv, das hier eng mit dem Todesmotiv verknüpft ist, auch bei zahlreichen Werken weißer Schriftsteller, so bei Hemingway. Doch die Isolation des alten Santiago in "The Old Man and the Sea" zum Beispiel, ist eine andere als die des Protagonisten in "Winter in the Blood": dort die freiwillig gewählte Einsamkeit eines Individuums zum Zwecke der Selbstbestätigung im Kampf mit der Natur, hier die gezwungene, unfreiwillige einer Person, die in ihrer inneren Leere zwischen zwei verschiedenen Kulturen exemplarisch für ihr Volk steht. Im Gegensatz zu Holden Caulfields Ausbruch in eine imaginäre heile und kindliche Welt mit eigener Sprache in "The Catcher in the Rye" geht es für Welchs Protagonisten auch nicht um eine Flucht in die Irrealität, sondern mehr um den Versuch einer Integration ohne die Eigenheiten der Minorität aufzugeben.
Der Autor muß diese Integration bereits innerhalb seines Werkes in dem Moment vollziehen, in dem er die weißen und indianischen Leser zugleich anspricht. Ein besonderer Stellenwert kommt daher der Farbensymbolik zu, ist sie doch in entscheidendem Maße Mittler zwischen weißen und indianischen Lesererwartungen, indem sie die enge Verbindung des Protagonisten - und damit seines Volkes - mit beiden Lesergruppen gleichermaßen, deutlich macht.

Welch geht in dieser Hinsicht einen Schritt weiter als Scott Momaday, dessen "House Made of Dawn" ungleich kompromißloser ist. Finden wir bei ersterem explizite Hinweise auf die indianische Tradition lediglich noch in

den historischen Rückblicken Yellow Calfs, so sind
bei letzterem indianisch-religiöse Riten noch fester
Bestandteil der Handlung,[311] wie auch indianische
Mythen zur Lesersteuerung eingesetzt werden:

> "Great golden eagles nest among the highest outcrops
> of rocks on the mountain peaks. They are sacred, and
> one of them, a huge female, old and burnished, is kept
> alive in a cage in the town. Even so, deprived of the
> sky, the eagle soars in man's imagination; there is
> divine malice in the wild eyes, an unmerciful intent.
> The eagle ranges far and wide over the land, farther
> than any other creature, and all things there are
> related by having existence in the perfect vision
> of a bird."[312]

Gegenüber Momadays schon ethnologisch zu nennenden Darstellungen, die in vieler Hinsicht an die Erzählungen indianischer Medizinmänner und Häuptlinge in ihren Autobiographien erinnern, ist Welchs Charakterisierung des Indianertums weitaus subtiler.

Daraus ergeben sich für das Anliegen des Autors in seiner Darstellungsweise Vor- und Nachteile. Der Vorteil liegt sicherlich darin, daß die intendierte Integrationsbereitschaft, die letztlich als Gesamtaussage des Werkes signalisiert werden soll, eher von weißen <u>und</u> indianischen Lesern akzeptiert werden kann, als bei Momaday. Der Verzicht auf ethnologische Elemente und ihre Erläuterung - die allerdings wie in Momadays Werken auch die Distanz zum weißen Leser vergrößern - ist insofern problematisch, als sie nicht in einem so starken Maße zur indianischen Identitätsfindung beiträgt.

Die Figur des Protagonisten, der hier nicht ohne Grund zugleich Ich-Erzähler ist, steht somit symbolisch auch für die Problematik der Darstellungsweise zwischen Tradition und Moderne, die zugleich Problematik für die in-

---

311) N. Scott Momaday, <u>House Made of Dawn</u>, (New York, 1969) p. 84 f.

312) ibid., p. 55.

dianische Minorität überhaupt ist. Wenn auch die indianische Lebensweise und die damit verbundene Philosophie in "Winter in the Blood" gegenüber der weißen als die bessere beschrieben wird, so muß sich der Leser am Ende doch fragen, ob sie stark genug ist, sich gegenüber der weißen zu behaupten.

D. Gedichte

Während es die Breite des Romans dem Autor noch relativ leicht macht, seine Botschaft zwei differenzierten Leserschaften zu vermitteln, gelten bereits für die geraffte Art der Kurzgeschichte andere Kriterien. Erst recht gilt dies für das Gedicht, das in seiner komprimierten Form eine besondere Art der Rhetorik erfordert. Im Gegensatz zum Roman kann hier der Leser nicht "behutsam" an die Problemstellung herangeführt werden, sondern die Intention des Autors muß ebenso deutlich wie präzise in schlagwortartiger Form zum Ausdruck kommen. Hierin liegt die besondere Schwierigkeit der Darstellung, die natürlich nur durch einen besonders nachhaltigen Wirkungseffekt beim Leser ihren Zweck erfüllt.
Insbesondere das Ansprechen einer differenzierten Leserschaft wird dadurch erheblich erschwert. Im Gegensatz zu den behandelten Kurzgeschichten und zum Roman gilt es daher an dieser Stelle bereits festzustellen, daß die Autoren der vier ausgewählten Gedichte nicht alle den Versuch unternehmen, bei den Adressaten zu differenzieren. In einigen Fällen ist eindeutig der indianische, in anderen Fällen der weiße Leser angesprochen.

Dieser Aspekt wurde bei der Auswahl der zu besprechenden Gedichte ebenso berücksichtigt, wie die Entwicklung der indianischen Literatur, die sich an diesen vier Beispielen besonders gut nachvollziehen läßt. Diese reicht von der Selbstdarstellung und vom Selbstverständnis, insbesondere in "The Beaver" und "New Way, Old Way", bis hin zum Einsatz der englischen Sprache als rhetorische Waffe gegen die Weißen in "An Elegy to the American Way". Es versteht sich, daß bei der nun folgenden Einzelbetrachtung der Gedichte literaturwissenschaftliche Aspekte allgemeiner Art über Gedichte, vor der Frage der Rhetorik gegenüber einer differenzierten Leserschaft, in den Hintergrund treten.

1. "The Beaver" von Duke Redbird

Das Gedicht "The Beaver" von Duke Redbird verdient schon insofern besondere Beachtung, als es sich beim Autor um einen kanadischen Ojibway-Indianer[313] handelt. Wenn auch viele Probleme der kanadischen Indianer identisch sind mit denen der Ureinwohner in den Vereinigten Staaten, so gibt es doch Unterschiede, resultierend aus der differenzierten Behandlung der Indianer durch die Behörden. Die viel weniger aggressive Besiedlungspolitik Kanadas verhinderte in der Vergangenheit eine ähnliche Konfrontation zwischen den Rassen wie im südlichen Nachbarland und ließ den Ureinwohner mehr Freiraum. Das "Department of Indian and Northern Affairs" versuchte im Gegensatz zum amerikanischen "Bureau of Indian Affairs" nicht, seine Politik in eine "Melting-Pot-Ideologie" einzubinden, sondern gestand den Indianern in größerem Rahmen kulturelle Eigenständigkeiten zu, getreu der kanadischen Devise vom "Multikulturalismus", die eben nicht nur für die verschiedenen ethnischen Einwanderungsgruppen, sondern auch für die Ureinwohner gilt.

Wenn es dennoch in jüngster Zeit vermehrt zu Auseinandersetzungen zwischen der kanadischen Regierung und den Indianern kommt, so liegt das an dem Interessenkonflikt, der sich besonders deutlich bei der wirtschaftlichen Ausbeutung des Nordens zeigt, wo die Förderung von Gas oder Öl und die Verlegung von Pipelines oft eine weitere Limitierung des indianischen Lebensraums zur Folge hat. Somit beschreiben junge Indianer wie Redbird das Verhältnis zwischen ihnen und dem Staat auch nicht besonders positiv: "There never will be an improvement in Indian-white relations in Canada until there is a psychological revolution on the part of all Canadians. It is simply

---

[313] Redbird wuchs auf Bruce Peninsula (Ontario) auf und leitet jetzt ein indianisches Kulturzentrum in Toronto.

not possible to make progress under the present segregated system."314)

Dieses Zitat könnte auch von einem amerikanischen Ureinwohner stammen, und tatsächlich sind in den vergangenen Jahren die Bindungen über die Grenzen hinweg immer enger zugunsten einer panindianischen Bewegung geworden. Wie das Gedicht "The Beaver" unter anderem beweist, gibt es keine signifikanten Unterschiede zwischen kanadischer und amerikanischer Indianerliteratur, weshalb in dieser Arbeit auch generell von der "Literatur der nordamerikanischen Indianer" die Rede ist.

Typisch für das moderne indianische Gedicht ist das offene Reimschema, das wir auch in "The Beaver" finden. Damit lehnt man sich bereits rein äußerlich an die traditionelle indianische Poetik an, die auch im Original den Reim nicht kennt. Die starken Bezüge zur Vergangenheit werden in "The Beaver" durch die dominierende Darstellung der Natur hergestellt. Der Inhalt ist im Sinne einer Fabel gestaltet, die - wie Gero von Wilpert es in einer allgemein akzeptierten Definition formuliert - "eine praktische Lebensweisheit anhand eines überraschenden, doch analogen Beispiels in uneigentlicher Darstellung veranschaulicht und besonders aus der Übertragung menschlicher Verhältnisse, Sitten, auch der Rede, auf die beseelte Natur (Pflanzen, Steine, besonders Tiere) witzig-satirische oder moralisch-belehrende Effekte erzielt."315)

Mit dieser Art der Darstellung rekurriert Redbird - wie mit der Thematisierung der "Natur" - auf die traditionelle prä-kolumbianische Indianer-Literatur, die die Fabel als besonders populäre Gattung kannte. Weiteres Merkmal der

---

314) "I am An Indian", ed. by Kent Gooderham (Toronto,1969) p. 97.

315) Gero von Wilpert, Sachwörterbuch der Literatur, Stuttgart, 1969⁵, p. 249.

Fabel neben dem auf menschliche Verhältnisse bezogenen Rollenverhalten des Bibers ist die eindeutige Typisierung in gute und böse Tiere:

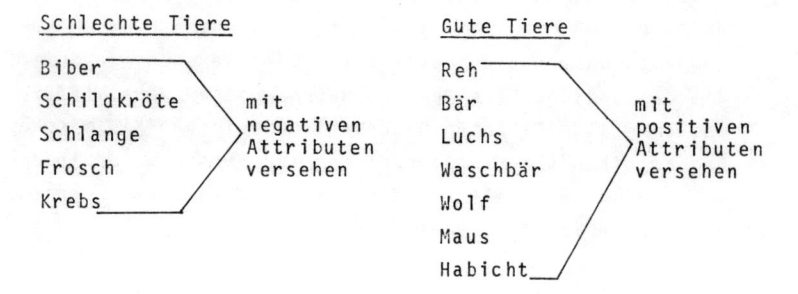

Schlechte Tiere		Gute Tiere	
Biber		Reh	
Schildkröte	mit	Bär	mit
Schlange	negativen Attributen	Luchs	positiven Attributen
Frosch	versehen	Waschbär	versehen
Krebs		Wolf	
		Maus	
		Habicht	

Die Einteilung indessen unterscheidet sich von der traditionellen Typisierung jener Spezies. So gelten insbesondere die Schildkröte, die Schlange und auch der Biber bei vielen Indianer-Völkern - zum Beispiel bei den Irokesen - als respektvoll geachtete Clan-Tiere, während der Wolf, der weiter südlich und östlich meist als Koyote auftritt, in den alten indianischen Tierfabeln oft als listig und verschlagen geschildert wird.

Für Redbird sind dagegen alle jene Tiere, die im Wasser oder Schlamm herumkriechen negativ, während die Landtiere positiv gesehen werden. Dies betonen Attribute wie "creepy", "crawly", "stagnant" oder "putrid", die durch Alliterationen noch besonders betont werden. Ihnen stehen Begriffe wie "clear", "cold", "clean", "living", "laughing" und "liquid Life" - ebenfalls durch Alliterationen verstärkt - in Verbindung mit den Landtieren gegenüber.[316]

---

[316] "I am an Indian", ed. Kent Gooderham, p. 98.

Doch warum entfernt sich der Autor von der traditionellen Typisierung? Diese Frage läßt sich zweifach beantworten, wobei jedoch beide Gründe logisch erscheinen: zum einen mußte Redbird davon ausgehen, daß selbst unter den Indianern die traditionelle Einteilung nicht mehr generell bekannt ist; zum anderen ist aber insbesondere für den weißen Leser die von ihm gemachte Typisierung in Form des Kontrastes einleuchtender als irgend eine andere. Diese Unterteilung - wie allein die Tatsache, daß der Autor auf breiter Ebene verstanden werden will wird hier ebenso zum Kompromiß wie das Eingehen auf den weißen Leser in Welchs Roman. Daß "The Beaver" sich dennoch in erster Linie an die Ureinwohner richtet, ist allerdings an der Gestaltung des Inhalts - die Dominanz der "Natur" - und die sich eindeutig an die Indianer richtende moralisierende Belehrung deutlich zu sehen:

"My son,
Do not become a beaver,
And build yourself a dam

For this is what the whiteman does...

... Then he cries to his creator
In desperation

Please God, my God deliver me
From Damnation"317)

Insbesondere die letzten Zeilen zeigen jedoch, daß hier auch der weiße Leser angesprochen ist, auf dessen religiöse Tradition hier rekurriert wird. Damit liegt - wie auch schon in einigen Kurzgeschichten und im Roman - der Kompromiß in der Adresse an beide Rassen, ohne die die Botschaft des Autors wohl auch unvollständig wäre.

---

317) ibid., p. 98 f.

2. "New Way, Old Way" von Dave Martin Nez

Die in "The Beaver" in die moralisierende Form der
Fabel gefaßte belehrende Botschaft des Autors - resultierend aus der Selbsterkenntnis - wird bei Dave Martin
Nez zum Imperativ, was durch Betonung des "must" in der
zweiten Strophe, wie die übrigen vier in der Form des
offenen Reimschemas gestaltet, besonders betont ist:
"You must want to learn from your mother, You must
listen to the old man..."[318]
Die Konsequenz aus dem selbstbesinnenden Rückblick in
die Vergangenheit, ist die Abgrenzung gegenüber den
Weißen "The white man is not our father...",[319] die
durch den Einsatz orthographischer Mittel auch äußerlich
verdeutlicht wird. "The white man" wird im Gegensatz zu
"Indian" nicht kapitalisiert.

Mit der Selbstbesinnung einher geht ein neues, auf die
Vergangenheit bezogenes, Selbstwertgefühl, das in klarer,
eindringlicher Form hervorgehoben wird: "We were a very
Indian, strong, competent people..."[320] Der durch das
"were" angedeutete Rückblick wird im Folgenden noch durch
die auf verlorene indianische Tradition rekurrierenden
Natur-Metaphern verstärkt. "But the grass had almost
stopped its growing, The horses of our pride were near
their end."[321]

Aus diesen Hinweisen könnte man nun schließen, daß sich
"New Way, Old Way" allein an einen indianischen Leserkreis richtet. Wenn dies auch primär der Fall ist, so
wird doch sekundär ebenfalls der weiße Leser ange-

---

[318] The Way, An Anthology of American Indian Literature, ed. Shirley Hill Witt and Stan Steiner, (New York 1972) p. 143.
[319] ibid., p. 143
[320] ibid., p. 143.
[321] ibid., p. 143.

sprochen. Das Bild "Indian cowboys and foremen handled
Indian herds."[322] ist in diesem Sinne durchaus zwei-
deutig, vermittelt es einmal den Ureinwohnern eine -
an weißen Vorstellungen orientierte - Darstellung der
eigenen Vergangenheit, zum anderen den Weißen eine
Umkehrung der eigenen Erfahrung. "Cowboys" and "Foremen"
- diese Begriffe sind in den Augen der weißen Leser fest
mit dem Pioniergeist des Westens, einem anglo-amerika-
nischen Vorgang, verknüpft. Die Verbindung von "Indian"
und "Cowboy", zweier in der literarischen Tradition di-
vergierender Begriffe, deutet auch hier wieder auf
einen vom Autor vorgezeichneten Kompromiß, der es sowohl
weißen wie indianischen Lesern ermöglichen soll, sich
mit dem Gedicht zu identifizieren.

Der Kompromiß wird auch im weiteren Teil der dritten
Strophe deutlich, in dem der Autor es förmlich beklagt,
daß die Ureinwohner nicht an der technischen Entwicklung
wie zum Beispiel an der Regulierung des Wassers beteiligt
wurden, und in dem Satz "The union between a hydro-electric
plant and/Respect for the wisdom of the long-haired chiefs/
Had to blend to build new enterprises/By Indian labor."[323]
wird er sogar explizit gefordert.

Gleichzeitig verweist Nez jedoch darauf, daß die Vergangenheit zwar scheinbar wiederhergestellt ist, die heile
Welt mit ihren Büffeln (in den Nationalparks) und den
traditionellen Kostümen (bei den Folklore-Veranstaltungen)
aber nur eine Schein-Welt ist, in die sich die Ureinwohner
nicht verflüchtigen dürfen. Die Trommeln haben indessen
immer noch ihre alte Bedeutung, doch ihr Rhythmus weist
nach vorn, in die Zukunft - nicht in die Vergangenheit.

---

[322] ibid., p. 143.
[323] The Way, ed. Witt/Steiner, p. 143 f.

Dieser Zukunftsaspekt wird in der letzten Strophe durch das dreimal wiederholte "shall" unterstrichen, und den Ureinwohnern wie Gebote "eingehämmert".

> "We shall learn all these devices the white man has,
> We shall handle his tools for ourselves.
> We shall master his machinery, his inventions,
> his skills, his medicine, his planning;
> But we'll retain our beauty
> And still be Indians!"[324]

Trotz des Nationalgefühls, das in der Selbsterkenntnis hier schließlich zum Ausdruck kommt, insistiert der Autor auf dem Kompromiß zwischen den Rassen, der seiner Meinung nach die einzig realistische Zukunftsperspektive bietet. Ähnlich wie in "The Beaver" ist zwar auch in diesem Gedicht die didaktische Implikation eindeutig auf den indianischen Leser ausgerichtet, doch vermag es die sprachliche und literarische Gestaltung, auch ein Verständnis auf seiten des weißen Lesers für die Probleme der Indianer wachzurufen. Wie bei den anderen besprochenen Beispielen ist also auch hier wieder der vom Autor gestaltete Kompromiß innerhalb des Gedichtes identisch mit seiner Botschaft an beide Lesergruppen.

3. "Missing That Indian Name of Roy or Ray von Simon Ortiz

Das folgende Gedicht unterscheidet sich von den zuvor behandelten nicht nur durch den fragmentarisch erscheinenden Titel, sondern auch durch die äußere Form. Die sieben Strophen sind - im Gegensatz zu den anderen Gedichten - vom Autor noch einmal gesondert in vier Abschnitte unterteilt, wobei diese Einteilung zugleich inhaltliche Gliederungen markiert. Wie schon in seiner Kurzgeschichte "Kaiser and War" legt Ortiz auch bei die-

---

[324] ibid., p. 144.

sem Gedicht besondere Betonung auf die auftretenden
Namen. Im Gegensatz zur Kurzgeschichte, in der
"Kaiser" für eine bestimmte Idee stand, wird im Gedicht durch die Ungenauigkeit der Namensangabe -
"Roy or Ray" - von vornherein Unsicherheit beim Leser
erzeugt. In Verbindung mit den diversen Ortsangaben
in der ersten Strophe, "K.C., Chicago, Des Moines"
wird indessen die Intention des Autors klar: "Roy or Ray"
ist irgendein ganz beliebiges indianisches Individuum
das herumgestoßen wird wie die meisten Indianer innerhalb der amerikanischen Gesellschaft und seinen festen
Platz darin immer noch nicht gefunden hat. Diese negativ
empfundene Mobilität wird noch durch Begriffe wie
"going" und "coming" unterstrichen. "Roy or Ray" ist
nicht wie "Kaiser" in die behütete Umgebung des Reservates eingebunden, sondern treibt ziel- und planlos
im "Melting Pot", in den jedoch auch der indianische
Ich-Erzähler des Gedichtes offensichtlich schon weitgehend integriert ist, kann er sich doch nicht einmal
mehr genau an den Namen seines Gesprächspartners erinnern,
der hier allerdings ohnehin keine Rolle mehr spielt.

Das Indianertum im Protagonisten ist degeneriert zu Begrüßungsfloskeln wie "Ya-ta-heh", die er gerade noch
versteht und Ortsbegriffen wie "Sanders". Der Name jener
kleinen Stadt ist ebenso wie der des nahen Gallup zum
Trauma für ihn wie für die meisten der dort lebenden
Ureinwohner geworden, weil sie meistens dort nichts
anderes als die schmutzigen Bürgersteige, verräucherten Spelunken und - das Gefängnis - kennen. Das Alkoholproblem ist denn auch ein Thema der zweiten Strophe,
vom Autor sprachlich durch unvollständige, abgebrochene
Sätze dargestellt. Bezeichnend sind die Begriffe "hurry"
und "danger", die genau zum Bild der eingangs beschriebenen beiden Gesprächspartner passen. Daß sie sich dennoch nicht vollständig von ihrer traditionellen Denkweise

gelöst haben, wird während der Busfahrt deutlich, als
sie ein Ölfeld passieren. In ihren Augen bleiben die
Pumpen, die den "Saft" aus der Erde holen,"nodding bastards",
nur dafür da, die Natur auszubeuten und Geld zu scheffeln.
Wie weit andererseits aber auch die weiße Denkungsart
bei den beiden Indianern Eingang gefunden hat, wird im
darauffolgenden Satz deutlich: "On the outskirts, we see
a sign: Tulsa Screw Products, Co., and laugh and laugh".[325]
Dieses Lachen ist jedoch nicht mehr "clear" wie das der
alten Indianer in "New Way, Old Way", sondern ebenso
schmutzig wie das der Weißen, wenn sie über Obszönitäten
lachen.

Das Leitmotiv des Verlorenseins, das dieses Gedicht gleichsam
wie ein roter Faden durchzieht, kommt erneut in der
dritten Strophe zum Ausdruck. "He gets lost in Amarillo"[326]
- eine Aussage, die insbesondere den weißen Leser zum
Nachdenken provoziert: wie kann man sich in dieser angeblich
so idyllischen, vielbesungenen kleinen Western-Stadt
verloren vorkommen?

Ein Hinweis, daß mit dem Gedicht auch die weißen Leser
angesprochen werden sollen - ebenso wie die Ureinwohner -
ist der Einsatz der sprachlichen Mittel in der dritten
Strophe (2. Abschnitt), der an die Umgangssprache in
Krimis, an das Englisch der unteren Bevölkerungsschichten,
erinnert: "'Went to get some hamburgers,' I told him. And
then ran around the block, but couldn't find him."[327]
Die Degeneration der Indianer, zuvor schon angedeutet,
wird auch in der dritten Strophe noch einmal aufgegriffen.
Immerhin nahm "Roy or Ray" sein teures Transistorradio mit,
als er den Bus - absichtlich oder unbeabsichtigt ? -

---

[325] The Way, ed. Witt/Steiner, p. 86.
[326] ibid., p. 86.
[327] ibid., p. 86.

plötzlich verließ. Und jenes Radio markiert die untere "Zivilisationsstufe" in der amerikanischen Gesellschaft, ein solches Gerät können sich auch die finanziell Minderbemittelten leisten, für die die meisten anderen Fortschritte der Zivilisation wie Wäschetrockner, Geschirrspüler und Auto meist unerreichbar bleiben. Wer indessen schon ein Radio besitzt wie "Roy or Ray", gibt damit zu erkennen, daß er die Gesellschaft mit ihrem Konsumdenken, durch Rundfunk- und Fernsehprogramme noch gefördert, akzeptiert.

Die vom Autor hier angedeutete Integration wird wenig später allerdings erheblich eingeschränkt, wenn er besonders den Zusammenhalt der Minderheiten in der Gesellschaft hervorhebt: "Me and the black guy and the hippie girl keep looking out the back window..."[328] Die sonst von den Indianern immer abgelehnte Gemeinsamkeit mit den Farbigen und weißen Subkulturen findet in der Praxis doch statt, da es gegen die gesellschaftliche Majorität zusammenzustehen gilt.

Die Brüchigkeit dieser "Koalition" ist allerdings schon durch das Zurückschauen aus dem Heckfenster des Busses symbolisiert: jene drei erwähnten Minderheiten begehen meistens den Fehler, daß sie zu sehr auf die Vergangenheit anstatt in die Zukunft blicken. Die Vorbehalte, die der indianische Protagonist gegen seinen farbigen Reisegefährten hat, kommen schließlich auch in seiner Verwunderung darüber zum Ausdruck, daß der Schwarze ausgerechnet in Tucumcari, einem Ort, in dem die Indianer dominieren, aussteigt. Noch stärker als Dave Martin Nez in "New Way, Old Way" grenzt Ortiz die Ureinwohner - trotz aller Integrationsversuche - von den Weißen ab: der Navajo Roy, obwohl im Westernstil mit neuen Jeans und

---

[328] ibid., p. 86.

neuem Hemd bekleidet, spricht kein Englisch. Er hat
sich zwar äußerlich, aber nicht innerlich der amerikanischen Gesellschaft angepaßt. Jene Stufe, die Nez
andeutet - nämlich der Einsatz weißer Errungenschaften
zugunsten der Indianer - kann Roy folglich noch nicht
erreicht haben.

Daß die Integration der Indianer in die weiße Gesellschaft
nur äußerlich ist, unterstreicht Ortiz ferner durch seine
(indianische) Sicht der Cowboy-Musik, die er durch den
Protagonisten als "sentimental Bullshit" abqualifiziert.
Einmal mehr wird hier der weiße Leser - wenn auch nicht
unbedingt durch das Urteil, das er unter Umständen noch
teilen mag, so doch durch die an Schärfe nicht mehr zu
überbietende Sprache - provoziert. Dies gilt auch für
die Charakterisierung des Kneipen-Milieus in Gallup,
das von Ortiz so brutal und kalt wie nur möglich dargestellt wird: "... saw somebody get knifed there too, red
blood black and shiny in neon light..."[329] Im Gegensatz
dazu rekurriert der Autor in der sechsten Strophe noch
einmal auf die scheinbar heile Welt der Ureinwohner mit
ihren Liedern und Tänzen, die aber auch schon käuflich
geworden ist. "Give me two dollars. And I will like you."[330]
- dieses Prinzip hat sich auch schon in ihrem Bereich
ausgebreitet und zeigt, wie heimatlos und verloren man
sich vorkommt.

Es wäre indessen falsch, aus Ortiz' Darstellung auf eine
Ablehnung der Integration zu schließen. Die Botschaft
seines Gedichtes unterscheidet sich im Grunde gar nicht
so sehr von der zuvor erwähnten, wenn sie auch mit anderen Mitteln der Gestaltung erreicht wird. Wird in "The
Beaver" und "New Way, Old Way" durch die moralisierende
Belehrung stärker die Notwendigkeit eines Kompromisses

---

[329] The Way, ed. Witt/Steiner, p. 87.
[330] ibid., p. 87.

zwischen indianischer Minorität und weißer Majorität
betont, so gestaltet Ortiz diese Aussage durch eine
negative Darstellung der vorhandenen Tatbestände, wobei er jedoch - ähnlich wie in "Kaiser and War" - die
negativen Seiten bei beiden Rassen aufdeckt. Es herrscht
allerdings auch in diesem Gedicht kein "Patt" von negativen Aspekten, sondern der Leser wird - wie in der
Kurzgeschichte - wiederum so geschickt gesteuert, daß er
den Eindruck haben muß, daß die Indianer doch etwas
über den Weißen stehen, die die meisten negativen Einflüsse verursachen. Doch ein Zurück zu den Traditionen,
zur heilen Welt der Vergangenheit, kann es auch für
Ortiz' Charaktere nicht geben - dazu sind sie schon
zu stark von der amerikanischen Gesellschaft absorbiert.

Dieser Hinweis richtet sich an beide Lesergruppen, weiße
wie indianische, die mit dem Gedicht gleichermaßen angesprochen werden. Beiden wird ein Spiegel der Realität
vorgehalten, den es gemeinsam zu akzeptieren gilt.
Und hierin liegt der vorgezeichnete Kompromiß dieses
Gedichtes.

4. "An Elegy To The American Way" von "coyote 2"
Im Gegensatz zu den drei zuvor behandelten Gedichten
richtet sich das folgende schon allein sprachlich in
erster Linie an die weißen Leser, wenngleich es erstmals in der pan-indianischen Zeitschrift "Akwesasne
Notes", die dem "American Indian Movement" nahesteht,
veröffentlicht wurde. Die sprachlichen und inhaltlichen Hinweise des sechs-strophigen Gedichtes sind
nur vor dem Hintergrund genauerer Kenntnisse weißer

Literatur verständlich. Dies beginnt bereits bei den zahlreichen Alliterationen und geht bis zu Anspielungen auf verschiedene literarische Werke weißer Autoren und die Bibel.

Bemerkenswert sind die Begriffe, die durch die Alliterationen verbunden werden; so in der ersten Strophe "transatlantic trauma" mit "Truth" und "Pilgrim picnics" mit "praise", in der dritten Strophe "furs", "farms" und "futility" und "wig", "white" und "wisdom". Wörter, die sonst bei den weißen Amerikanern eindeutig positive Assoziationen auslösen, werden hier in ihrer besonderen Betonung und durch die Verbindung mit negativen Begriffen - sei es in Form einer Farbensymbolik wie in der ersten Strophe mit Bezeichnungen wie "black" und "dark" oder durch Beschreibungen wie "plundered", "wasteland" und "artificial" in der dritten Strophe. Der Gegensatz zwischen dem prä-kolumbianischen Amerika und den heutigen Vereinigten Staaten, der in Form eines historischen Abrisses zum Leitmotiv des Gedichtes wird, findet sich daneben auch in der orthographischen Darstellung. So werden Begriffe wie "New World" und "American Way" an den Stellen, wo sie vom Autor als "Götzen" der Weißen empfunden werden, kapitalisiert, an anderer Stelle, wo auf Huxleys "Brave New World" angespielt wird, dagegen kleingeschrieben.

Die Erwähnung dieses literarischen Werkes mit seiner düsteren Zukunftsvision einer übertechnisierten, unmenschlichen Welt wie auch der Hinweis auf Steinbecks sozialkritischen Roman "The Grapes of Wrath", der die gesellschaftlichen Zustände Amerikas anprangert, lassen den Schluß zu, daß es sich bei dem anonymen Autor des Gedichtes um einen mit der weißen Kulturtradition bestens vertrauten Schreiber handelt, für den "Indianertum" zunächst einmal in der Kritik und Abgrenzung zur weißen Majorität besteht.

Dabei macht er natürlich auch nicht vor der christlichen
Lehre halt, die in seinen Augen zwar nicht grundsätzlich
schlecht, aber durch die falsche Interpretation ihrer
Anhänger pervertiert ist, so daß die sarkastische Formel
heute lautet: "In goods we trust & the loan is our
shepherd."331) Das &-Zeichen ist hier wie an einigen
anderen Stellen des Gedichtes wiederum ein orthographisches
Mittel, das die profane Wirkung der Aussage unterstreicht.

Die Ironie, die "coyote 2" in seinem Gedicht sprachlich
und inhaltlich gestaltet, bedient sich ausschließlich
der Mittel weißer Literaturtradition, insbesondere der
Parodie. "An Elegy to the American Way" kann deshalb
nur von weißen Lesern oder Indianern mit den notwendigen
literarischen Vorkenntnissen verstanden werden.

Die inhaltliche Gestaltung, wird im Gegensatz zu den drei
vorher besprochenen Gedichten ausschließlich von der Abgrenzung zur weißen Gesellschaft bestimmt. Allein der
Deckname des Autors - "coyote 2" - erinnert noch an indianische Traditionen, in denen dieses Tier als listig
und durchtrieben beschrieben wird. Die "2" steht hier
für einen neuen Koyoten, der gegen die weiße Majorität
kämpft, mit deren eigenen Mitteln. Kompromisse gibt es
für ihn nicht: "go quickly, Mr. & Mrs. American Way, the
earth is hungry for your passing..."332)

5. Abschließende Betrachtung der Gedichte

Die vier behandelten Gedichte sind Beispiele für die
Entwicklung der Indianer-Literatur Nordamerikas von der

---

331) <u>American Indian Prose and Poetry</u>, We wait in the
Darkness, ed. Gloriy Levitas, Frank R. Vivelo and
Jacqueline J. Vivelo (New York 1974), p. 292.

332) ibid., p. 292.

Selbstdarstellung über das Selbstverständnis, bis hin zur Auseinandersetzung mit der weißen Majorität. Während sich Duke Redbird, Dave Martin Nez und auch Simon Ortiz noch darum bemühen, beide Lesergruppen - sowohl die indianische wie die weiße - anzusprechen um so in ihren Gedichten bereits inhaltlich einen Kompromiß des Miteinanders beider Rassen aufzuzeigen, beschränkt sich "coyote 2" auf eine radikale Abgrenzung zur amerikanischen Gesellschaft, ohne jedoch eine Alternative aufzuzeigen. Hierin könnte die tragische Ironie seines Werkes liegen: es wird von der Mehrzahl derer, an die es eigentlich gerichtet ist, kaum noch verstanden. Ob das daran liegen kann, daß der Autor vielleicht selbst schon der indianischen Tradition zu sehr entwurzelt und zu stark in die weiße Gesellschaft integriert ist?

Die Problematik, eine differenzierte Leserschaft anzusprechen, wird gerade an diesem Beispiel besonders deutlich. Während Redbird, Nez und Ortiz dies noch gelungen ist, hat "coyote 2" dieses Ziel, sollte er es verfolgt haben, verfehlt. Der besondere Reiz seines Gedichtes liegt vielmehr darin, daß hier - wie in keinem der drei anderen - deutlich wird, was geschehen kann, wenn indianische Autoren die rhetorischen Mittel der Weißen zu einseitig als Waffen für sich zu nutzen suchen.

Die vier behandelten Gedichte lassen sich somit in vier Kategorien einteilen: "The Beaver" markiert den Übergang von der traditionellen indianischen Poetik hin zur Abgrenzungsstrategie gegenüber der weißen Gesellschaft, der Autor rekurriert - wenn auch bereits in differenzierter Form - auf die herkömmliche Natur-Typisierung; "New Way, Old Way" hat bereits die Konfrontation zwischen traditioneller indianischer und weißer Lebensform zum zentralen Thema und in "Missing That Indian Name of Roy or Ray" wird diese Konfrontation schließlich mit subtiler Kritik an der weißen Gesellschaft verbunden; "An Elegy to the American Way" indessen beschränkt sich auf eine ironisch-kritische Betrachtung der weißen Majorität ohne überhaupt Bezüge zur indianischen Vergangenheit aufzuzeigen.

Diese Kategorisierung in vier Arten läßt sich weitgehend auf die anderen modernen indianischen Gedichte übertragen. Zum Beispiel ist das folgende Gedicht von Francis Kisto inhaltlich ähnlich einzuordnen wie "New Way, Old Way", also in die dritte Kategorie:

"I Am a Papago Girl

I am a Papago girl.
I live in a Papago village.
I am thankful for it.
It may be a dry, desert village.
It may be lonesome.
The sadness may cover me
    but I am thankful for it
    because I am a Papago girl. 333)

Gleichzeitig wird hier jedoch der Übergang zu einer fünften Kategorie von modernen indianischen Gedichten deutlich, die sich thematisch sehr stark an die traditionelle Poetik anlehnen ohne die Relation Ureinwohner - Weiße zu problematisieren. Ein typisches Beispiel dafür sind die "Three Poems" von Calvin O'John:

I   "You smiled,
    I smiled,
    So we're both happy,
    But deep down inside
    There is hatred between us.
    Let's not show our inside feeling
        to one another;
    Just keep on smiling
    Until we smile away our hate."

II "A dirt road begins at the highway
    And ends at our front yard.
    I walk on dirt roads,
    But never will I walk on highways."

III "That lonesome parth that leads to Nowhere 334)
    Is taking me away from this lonesome place."

---

333) The Way, ed. Witt/Steiner, p. 141.
334) ibid., p. 140.

Die Sehnsucht nach innerem Frieden, die im ersten Teil dieser Trilogie zum Ausdruck kommt, findet sich auch sehr häufig als Motiv in der prä-kolumbianischen Indianer-Poetik wieder - so in den folgenden beiden "Chorals of the Calumet":

> I "Down through the ages vast
> On wings strong and true,
> from great Wa-kon'-da comes
> Good will unto you,-
> Peace that shall here remain.
>
> II Far above the earth he soars,
> Circling the clear sky,
> Flying over forests dim,
> Peering in shadows,
> Seeking far and wide his child,
> To give him peace."335)

Auffällig ist jedoch der religiöse Bezug bei den alten Gedichten, in denen Gott als Friedensspender im Mittelpunkt steht, während in den modernen Gedichten das Individuum und die zwischenmenschlichen Beziehungen in den Vordergrund rücken. Indessen kannten auch die Vorfahren der heutigen Indianer diese Themata in ihren Gedichten und Gesängen, besonders in den Liebesgedichten, die meist eine Lebenshilfe in Form von praktischen Ratschlägen waren:

> "Suggestion
> You had better go home,
> Your mother
> loves you so much.
>
> Truth
> I do not care
> for you any more;
> Someone else
> is in my thoughts."336)

---

335) Peek/Sanders, <u>Literature of the American Indian</u>, p. 132.

336) ibid., p. 141.

Ein typisches Merkmal der modernen Gedichte, das wir
auch im dritten Teil von Calvin O'Johns Trilogie finden, ist das Einsamkeitsmotiv, das in der prä-kolumbianischen Poetik äußerst selten anzutreffen ist. Einsamkeit gab es in den früheren intakten indianischen Gesellschaften nämlich nicht - es sei denn, sie wurde bewußt gesucht. Vielmehr entstand sie erst nach der Unterwerfung durch die Weißen, nach dem Verlust der eigenen Identität. Somit wird es verständlich, daß die Einsamkeit in den modernen Indianer-Gedichten häufig zentrales Thema ist, sei es in den Selbstreflexionen traditioneller Art oder in den kritischen Auseinandersetzungen mit den Weißen.

Ein weiteres Beispiel für die thematische Ähnlichkeit vieler moderner Gedichte mit der traditionellen prä-kolumbianischen Poetik ist das Gedicht "War Signs" von Willie George:

"Last night my mother saw
War signs in the sky;
I was afraid to look up

But the moon was so yellow
And the stars so bright
I had to look."337)

Dieses Gedicht hätte vom Aufbau und von der Thematik her ebenso gut in prä-kolumbianischer Zeit geschrieben sein können. Typisch dafür ist einmal mehr die enge Verbindung zur Natur, auf die hier mittels der Himmelsgestirne Bezug genommen wird. Der einzelne Mensch ist nur ein winziger Bestandteil in diesem großen Kreislauf des Universums, dessen Regeln und Botschaften er sich zu unterwerfen hat. Eine ähnlich passive Tendenz finden wir auch in den meisten anderen modernen Indianer-Gedichten, die auf die traditionelle Poetik rekurrieren, wenngleich die Grenzen zu den vier zuvor erwähnten Kategorien fließend sind.

---

337) The Way, ed. Witt/Steiner, p. 147.

So könnte mit dem Haß zwischen zwei Individuen, den Calvin O'John im ersten Teil seiner Trilogie darstellt, natürlich auch das Gefühl zwischen zwei Rassen, in diesem Fall zwischen Weißen und Indianern, gemeint sein. In diesem Fall käme der Botschaft dieses Gedichtes ähnlich integrative Bedeutung zu wie der in "New Way, Old Way".

Zusammenfassend läßt sich feststellen, daß sich die modernen indianischen Gedichte in fünf Kategorien einteilen lassen:

I. Gedichte, die sich stark an die traditionelle präkolumbianische Poetik anlehnen ("War Signs")

II. Gedichte, die gleichfalls die enge Verbindung der Ureinwohner zur Natur darstellen und bereits eine Form des Kompromisses zwischen Weißen und Indianern andeuten ("The Beaver")

III. Gedichte, die eine Konfrontation indianischer und weißer Lebensphilosophie zum Thema haben ("New Way, Old Way")

IV. Gedichte, die das verlorene indianische Individuum in der weißen Gesellschaft beschreiben und damit eine Kritik an den Weißen verbinden ("Missing That Indian Name of Roy or Ray")

V. Gedichte, die sich in ironischer Form weißer Begriffe bedienen und diese gegen die Weißen als sprachliche Waffe einsetzen - ohne Bezug zu indianischen Traditionen. ("An Elegy To The American Way")

Eine statistische Auswertung der Gedichte in den fünf
Anthologien "The Way", "North American Indian Reader",
"I Am An Indian", "American Indian Prose And Poetry" und
"Literature Of The American Indian" ergibt für die fünf
Kategorien folgende Zuteilung:

I.   = 37 Gedichte
II. = 21 Gedichte
III. = 12 Gedichte
IV. = 23 Gedichte
V.   = 7 Gedichte

Zwar ergibt diese Aufstellung, daß die Zahl jener Gedichte, die sich mit der Problematik "Indianer - Weiße" befassen, insgesamt am größten ist, weist aber andererseits aus, daß die Gedichte, die sich an die traditionelle Poetik anlehnen, einzeln betrachtet den umfassendsten Anteil ausmachen. Dabei war der Anteil der einzelnen Kategorien in allen fünf Anthologien in etwa gleich groß, obwohl diese von unterschiedlichen Autoren (Indianer und Weiße) verfaßt waren. Dies läßt den Schluß zu, daß das hier festgestellte Ergebnis für die gegenwärtige Indianer-Poetik in etwa repräsentativ ist.

Wie die Auswertung beweist, beschäftigen sich die indianischen Autoren mit der Identität ihrer Völker mindestens ebenso stark wie generell mit dem Verhältnis zwischen den Rassen in den Vereinigten Staaten. Erwartungsgemäß liegen die Gedichte der V. Kategorie zahlenmäßig am unteren Ende der Skala, wodurch die zuvor geäußerte Vermutung, daß diese Gedichte nur einen sehr kleinen, gebildeten Leserkreis ansprechen, bestätigt wird.

Die unterschiedliche Gewichtung der Thematik in Romanen und Kurzgeschichten auf der einen und Gedichten auf der anderen Seite, die aus dieser Statistik hervorgeht, resultiert aus den differenzierten Darstellungsmöglichkeiten. Während die Autoren von Kurzgeschichten, noch mehr die von Romanen, gezwungen sind, das soziale Umfeld mit in ihre Werke einzubeziehen (wenn sie sich nicht in die Historie zurückziehen wollen), bedingen Meditationen, Gebete und Naturschilderungen sowie Lyrik im weitesten Sinne in der prägnanten Form der Gedichte kein solch weites Umfeld.

V. Die "Abbitte" der Weißen in der modernen Literatur

A. Edmund Wilsons "Apologies To The Iroquois"

Die erfolgreiche Rückkehr des "Vanishing American" ist nicht zuletzt ein Resultat der Wechselwirkung im Verhältnis der Indianer zu den Weißen. Von daher stellt sich die Frage, ob die moderne Literatur der nordamerikanischen Indianer mit den Selbstdarstellungen und einem neuen Selbstverständnis bereits eine Reaktion der Weißen provoziert hat, ähnlich wie umgekehrt in früheren Jahren indianische Autoren durch weiße Darstellungen herausgefordert wurden.

Exemplarisch kann an dieser Stelle Edmund Wilsons Werk "Apologies to the Iroquois" angeführt werden, in dem der Autor bekennt:

> "It is easy to ignore the Indians, and I am not, as I showed at the beginning of these articles, myself in any position to make a self-righteous tone about them, having assured my visitor from England that there were almost no Indians left in New York State and that the Mohawks were the same as the Mohicans - a people, once the enemies of the Mohawks, of whom, I believe, at the present time, only a few descendants survive in the neighborhood of Groton, Connecticut. I apologize to the Iroquois for this, and I want here to try to explain why it is possible thus to disregard the Indians and why it is difficult for people who care about them to get other people interested in them. The primary reason, of course, is that, having come here a long time before us ... the Indians do not fit into, and for the most part do not want to fit into, the alien life we have brought here."[338]

Es ist bezeichnend, daß Wilson die Liga der Irokesen, die von Morgan "entdeckt" worden war und Gegenstand der Studien wurden, die den Beginn der modernen Sozialanthropolo-

---

[338] Edmund Wilson, Apologies, p. 274 f.

gie markieren, erst wiederentdecken mußte. In Wilsons
Werk finden sich keine Anzeichen dafür, daß es aufgrund von Literatur-Studien des Autors entstand und
somit eine Antwort auf die moderne Indianerliteratur
darstellt. Vielmehr wurde Wilson durch die diversen
Rechtsstreitigkeiten der Irokesen-Liga mit der amerikanischen Regierung und den Besuch eines englischen
Schriftstellers auf das Indianerproblem aufmerksam.
Seine "Apologies To The Iroquois" sind der Versuch
eines Amateuranthropologen und -ethnologen, durch eigene
Forschungen, die Indianer und ihre Welt zu verstehen.

Wilson besuchte die einzelnen Reservate der Irokesen
in New York und Kanada, um sich genau über die gegenwärtige Rechtslage zu informieren und ihre Identität
anhand ihrer Traditionen, Mythen und Riten zu erforschen.
Der Autor macht keinen Hehl aus seinen Vorurteilen, die
exemplarisch für die der gesamten weißen amerikanischen
Gesellschaft sind und von den Irokesen Stück für Stück
widerlegt werden. An vielen Stellen wird deutlich, wie
sehr diese Vorurteile von einem überkommenen Rassismus
geprägt sind: "She was handsome and had considerable
presence; in spite of blue eyes and pale skin, she
seemed to me a true Indian type."[339]

Wie wichtig ein Verständnis der indianischen Kultur als
Voraussetzung für ein Erkennen der heutigen Indianerprobleme und den damit verbundenen Konflikten mit der
weißen Gesellschaft ist, wird aus den Äußerungen
Wilsons am Schluß seines Werkes deutlich:

> "And it is impossible not to be disgusted - when one
> has seen even a little of the real Indian world - by

---

[339] ibid., p. 42.

> our surreptitious efforts, on the one hand, to
> despoil and disperse the Indians and, on the
> other, our loud exploitation of literary Indian
> romance: the Mohawk Airlines, the Pontiac cars,
> the Hotels Onondaga and Iroquois, and the Seneca
> Cocktail Lounges. This romance - from James
> Fenimore Cooper to the latest galloping Western -
> is at least as much a myth of the whites as the
> double-dealing fiend of Ray Fadden, also a creation
> of Cooper's in whose novels the Iroquois are the
> horrible Mingoes bedevilling the noble Mohicans."[340]

Wilsons Werk, das 1960 erschien, war das erste seiner Art und leitete damit eine neue Epoche ein. Er war, abgesehen von den weißen Verfassern indianischer Autobiographien der erste Weiße, der sich nicht nur bemühte, die indianische Kultur wissenschaftlich zu ergründen und darzustellen, sondern zu verstehen; und der erkannte, daß die bisherige Betrachtungsweise der Weißen gegenüber den Indianern falsch war und sich dafür entschuldigte.

Diese Art der Darstellung läßt sich in zahlreichen Werken weißer Autoren, die anschließend entstanden, weiter verfolgen. Als ein weiteres Beispiel sei an dieser Stelle Dee Browns "Bury My Heart At Wounded Knee" angeführt. Ähnlich wie bei Wilsons "Apologies To The Iroquois" läßt sich auch anhand dieses Werkes nicht feststellen, ob es in der Folge der literarischen Angriffe der Indianer auf die Weißen entstand; doch dürfte die gesamte politische Atmosphäre, zur Zeit des Entstehens des Buches um 1970 in den Vereinigten Staaten, als sich das indianische Selbstbewußtsein schon stärker artikulierte, einen erheblichen Einfluß gehabt haben. Obwohl Brown einen anderen Weg bei seiner Betrachtungsweise einschlägt und im Gegensatz zu Wilson nicht mit den Indianern selbst

---

[340] ibid., p. 282 f.

Kontakt aufnimmt, sondern versucht, sie aus ihren historischen Selbstdarstellungen heraus zu verstehen, ist die Tendenz beider Werke miteinander vergleichbar:

> "Out of all these sources of almost forgotten oral history, I have tried to fashion a narrative of the conquest of the American West as the victims experienced it, using their own words whenever possible. Americans who have always looked westward when reading about this period should read this book facing eastward.
> This is not a cheerful book, but history has as way of intruding upon the present, and perhaps those who read it will have a clearer understanding of what the American Indian is, by knowing what he was. They may be surprised to hear words of gentle reasonableness coming from the mouth of Indians stereotyped in the American myth as ruthless savages. They may learn something about their own relationship to the earth from a people who were true conservationists. The Indians knew that life was equated with the earth and its resources, that American was a paradise, and they could not comprehend why the intruders from the East were determined to destroy all that was Indian as well as America itself.341)

Hier wird die Abbitte an die Indianer zu einer Anklage gegen die weiße Gesellschaft, wie auch in Stan Steiners Werk mit dem drastisch-ironischen Titel: "The Vanishing White Man".342)

---

341) Dee Brown, Bury My Heart At Wounded Knee, (New York 1970) Introduction

342) Stan Steiner, The Vanishing White Man, (New York 1976)

B. Das veränderte politische Bewußtsein in den
   Vereinigten Staaten

Die immer lauter werdende Selbstkritik an den politischen Zuständen in den Vereinigten Staaten in den vergangenen Jahren hat mit zu einem sich wandelnden Verständnis gegenüber den Minoritätsgruppen, insbesondere den Indianern, geführt. Nicht nur jugendliche "Outsider" der Gesellschaft wie Hippies und Jesus-People haben die Ideale der Indianer erkannt und sich daran orientiert, sondern auch Intellektuelle und Wissenschaftler akzeptieren die Werte der indianischen Kultur in immer stärkerem Maße und kommen zu dem Schluß, daß die weiße Gesellschaft in dieser Beziehung sogar von den Indianern profitieren kann:

> "Es gibt also gemeinsame Bedürfnisse, einerseits auf der Seite fortschrittlicher Pioniere neuer Lebensweisen und andererseits für einzigartige kulturelle Überlieferungen, wie die der amerikanischen Indianer, die eine anerkannte Rolle in der Welt spielen sollten. Niemand kann in Isolierung als Museumsstück fortbestehen - leben heißt miteinander in Verbindung stehen, aufeinander eingehen, in Übereinstimmung zu kommen, aber es heißt nicht aus der Existenz hinwegassimiliert zu werden oder von dominanten Institutionen unterdrückt zu werden, die alle Gesellschaften in die Schablone der öffentlichen Erziehungssysteme, der kommerziellen Ausbeutung und der Standartisierung von Regierungsprozeduren pressen wollen." [343]

Hier wird nur angedeutet, um welche Werte die weißen Amerikaner die Ureinwohner im Grunde beneiden müssen: die geschlossene Kultur und die Tradition. Ist aber diese Krise, in der sich die amerikanische Gesellschaft augenblicklich befindet, nicht eine Folge dieses Suchens

---

[343] Griscom Morgan, *Kulturelles Erbe und Fortschritt* in: Community Comments 19, 1967, dt. v. Waltraud Wagner in: Anthologie zum Thema: *Die Indianer und die Revolution der europäischen Kulturen.*

nach Geschichte und Traditionen? Die Feiern zum Bicentennial 1976 sowie die auffällige Betonung aller historischen Fakten in der so jungen Geschichte des Landes, wie letztlich auch jener künstliche Pomp, der sich in der Architektur der Regierungsgebäude Washingtons zeigt, sind doch nur unzulängliche Versuche, ein "amerikanisches Bewußtsein" - losgelöst von den europäischen Traditionen - unter den Amerikanern zu erzeugen.

Die Tatsache, daß jeder Weiße in den USA heute noch nachdrücklich herausstellt, woher und wann seine Vorfahren aus Europa kamen, und das Berufen auf europäische Traditionen in fast allen Werken der weißen amerikanischen Literatur sind ein Beweis, daß diese Versuche mißglückt sind. Die Idee vom "Melting Pot" hat bisher nichts anderes als eine Zweckgemeinschaft produziert, die ihre eigenständige Kultur und Tradition jedoch noch nicht gefunden hat. Dies wird sich so lange nicht ändern, bis die Mehrzahl der Weißen und vor allem ihre verantwortlichen Führer erkennen, daß die Geschichte Amerikas nicht erst mit Columbus oder der amerikanischen Unabhängigkeit von England beginnt. Die Indianer waren schon vorher da und besaßen genau jene Werte, die heute in den Vereinigten Staaten idealisiert werden. Wenn sie auch nicht die Vorfahren der weißen Amerikaner in ethnologischer Hinsicht sind, so sind sie es doch historisch gesehen.

Die endgültige Anerkennung der indianischen Kultur und die Akzeptierung ihrer Werte durch die amerikanische Gesellschaft würde endlich jene kulturelle Lücke schließen, die seit der Entstehung der Vereinigten Staaten klafft und sich immer negativer auf das Zusammenleben der Menschen in diesem Land auswirkt. Es genügt nicht, sich für das Vergangene zu entschuldigen, denn damit ist heute keinem mehr zu helfen. Entscheidend ist die Bereitschaft der herrschenden Weißen, in den Vereinigten Staaten zu einem partnerschaftlichen Verhältnis mit den Minoritätsgruppen zu kommen, wobei die Beziehungen zu den Indianern eine besondere Rolle spielen.

> "The first Americans - the Indians - are the most deprived and most isolated minority group in our nation. On virtually every scale of measurement - employment, income, education, health - the condition of the Indian people ranks at the bottom. This condition is the heritage of centuries of injustice. From the time of their first contact with European settlers the American Indians have been oppressed and brutalized, deprived of their ancestral lands and denied the opportunity to control their own destiny. Even the Federal programs which are intended to meet their needs have frequently proven to be ineffective and demeaning.
> ... The Indians of America need Federal assistance - this much has long been clear. What has not always been clear, however, is that the Federal government needs Indian energies and Indian leadership if its assistance is to be effective improving the conditions of Indian life. We have concluded that the Indians will get better programs... if the people who are most affected by these programs are responsible for operating them." 344)

In diesen Worten des ehemaligen Präsidenten Nixon sind neben der "Abbitte" erste Ansätze zu einer Partnerschaft zwischen Indianern und Weißen zu erkennen. Doch es ist nicht allein damit getan, zu versuchen, vergangene Ungerechtigkeiten mit materieller Unterstützung wieder gutmachen zu wollen. Eine echte Partnerschaft zwischen Indianern und Weißen kann sich erst entwickeln, wenn die Weißen erkennen, daß die Indianer keine Almosen wollen, sondern einen wirklichen Dialog; wenn sie erkennen, daß nicht nur die Indianer von den technischen Fortschritten der Weißen profitieren können, sondern gleichzeitig die Weißen von der indianischen Kultur, ihren Werten und ihrer Tradition. "Indian people today have a chance to re-create

---

344) Richard M. Nixon, Message on Indian Affairs in: Dialogue, Vol. 6. 1973 No. 2, p. 42 und 49.

a type of society for themselves which can defy, mystify, and educate the rest of American society."[345]

Andererseits sehen die Indianer auch realistisch die Schwierigkeiten ihrer Zukunft:

"The NCAI supports the modern tribal council as organized under various federal laws. The League of Nations-Pan Am Indians works for tribal government by traditional Indian chiefs and clans. Until we resolve the two opposing points of view we will not be able to move forward as a united people. It is critical that we finally arrive at a universal understanding of what an Indian tribe is or should be."[346]

Die Art der zukünftigen Lebensweise, das Suchen nach neuen politischen und religiösen Führern,[347] sowie der Konflikt mit der modernen Technik - dies sind alles Probleme, mit denen die Indianer in den nächsten Jahren fertig werden müssen. Dabei sind sie durchaus bereit, diese Probleme mit den Weißen gemeinsam zu lösen, und die Intellektuellen unter ihnen haben erkannt, daß die Kritik an der weißen Gesellschaft alleine nicht ausreicht, eine bessere Zukunft zu verwirklichen. Auch ein Zurück zu den Zeiten Sitting Bulls und Crazy Horses gibt es nicht, so wehmütig die Erinnerungen daran heute noch bei vielen Ureinwohnern Nordamerikas sein mögen. Darum macht Deloria Jr. in seinem Indian Manifesto eine Reihe von konkreten Vorschlägen, wie eine Kooperation zwischen Indianern und Weißen zustande kommen könnte.[348] Doch die Voraussetzung für eine solche Zusammenarbeit ist die Anerkennung der Indianer durch die Weißen als gleichwertige Partner.

---

[345] V. Deloria Jr., Custer Died for Your Sins, p. 262.
[346] ibid., p. 272.
[347] ibid., p. 196 - 221 u. 272.
[348] ibid., p. 33 u. 142/143.

"Unless there is a frank understanding between the two people, red and white, so that the relationship between them is honest, sincere, and equal, talk about culture will not really matter. The white man will continue to take Indian land because he will feel that he is HELPING to bring civilization to the poor savages."349)

Genau jene Einstellung der Weißen ist aber heute noch bestimmend für ihre Politik, was auch in der Erklärung Nixons zur Indianerfrage deutlich wird. Der Wandel in der Indianerliteratur weißer Autoren in jüngster Zeit läßt indessen hoffen, daß sich allmählich allgemein ein neues Verständnis gegenüber den Indianern in der breiten amerikanischen Öffentlichkeit durchsetzt.

Bei dieser Entwicklung spielt die Literatur - sowohl die indianischer wie die weißer Autoren - eine Vermittlerrolle. Durch die Darstellung der Geschichte der Indianer Nordamerikas und ihrer Kultur wird bei einem breiten Publikum jenes Verständnis geweckt, das für eine Partnerschaft notwendig ist. Insbesondere die Selbstdarstellungen der Indianer wie aber auch ihre Mythen und Gesänge sind Zeugnisse der amerikanischen Geschichte und somit für die nach Traditionen und Historie suchenden Weißen von unschätzbarem Wert. Andererseits bedeutet die moderne Indianerliteratur weißer Autoren, mit ihrer Abbitte an die Indianer, für die Ureinwohner den ersten Schritt auf dem Wege ihrer Anerkennung durch die Weißen.

Es ist sehr schwer, eine Wechselbeziehung zwischen beiden Arten der Indianerliteratur herzustellen, da beide im historischen Zusammenhang gesehen werden müssen. Doch allein anhand der zeitlichen Entwicklung läßt sich feststellen, daß das indianische Selbstverständnis mit dem Entstehen der Literatur indianischer Autoren erwacht ist, und der Wandel in der weißen Indianerliteratur wiederum auf das engste mit dem selbstbewußteren Auftreten der Indianer in jüngster Zeit verknüpft ist.

---

349) ibid., p. 103.

C. Zusammenfassung in Thesenform

1. Die Darstellung der Indianer in der Literatur weißer Autoren des 18. bis 20. Jahrhunderts provozierte die Ureinwohner in der ersten Hälfte dieses Jahrhunderts zur Selbstdarstellung, insbesondere in Form der Autobiographie als Vorläufer für weitere, den weißen Literaturgattungen angepaßte literarische Werke in den folgenden Jahren.

2. Voraussetzung für eine literarische und politische Wirkung der modernen Indianerliteratur ist das differenzierte Ansprechen der Leserschaft. Die indianischen Autoren lösen dieses Problem durch verschiedene rhetorische Mittel:

   a) Die Rückbesinnung auf die traditionellen Lebensphilosophie

   b) Die Gegenüberstellung indianischer und weißer Lebensformen, wobei die indianischen durch den Einsatz scheinbar neutraler Erzähler, z.B. in Romanen und Kurzgeschichten als die überlegenere dargestellt wird. Durch die Stilmittel des "neutralen" Erzählers gelingt es den Indianer-Autoren auch die Sympathien der weißen Leser zu ihren Gunsten zu steuern

   c) Den gezielten Einsatz der englischen Sprache als Voraussetzung für die Kommunikation mit den Weißen einerseits und den zahlreichen, verschiedene Sprachen sprechenden indianischen Völkern andererseits. Vielfach wird die Ironie als aprachliche Waffe gegen die Weißen eingesetzt.

3. Mit der Artikulation ihrer Situation und ihrer Probleme haben die Indianer ihrerseits eine positive Reaktion bei den Weißen ausgelöst, die nun zu einer verständnisvolleren Betrachtung der Ureinwohner bereit sind. Somit erfüllt die Literatur der Indianer Nordamerikas neben einer literarischen Funktion - insbesondere für die

Ureinwohner selbst - auch eine politische, vor allem gegenüber den Weißen, die jedoch ohne den Gebrauch der englischen Sprache und weißer Literatur-Traditionen nicht möglich gewesen wäre.

Schlußbetrachtung

"Wird es den Indianern der USA auch im kommenden Jahrhundert gelingen, ihre Identität und ihr kulturelles Erbe zu bewahren, oder werden sie sich auf die Dauer dem Einfluß der dominierenden Kultur nicht entziehen können und allmählich in den Strom der amerikanischen Gesellschaft integriert werden?"[350]

Diese Frage, die Liselotte Ungers am Ende ihrer soziologischen Betrachtungen über die Indianer in den Vereinigten Staaten aufwirft, scheint mit der Untersuchung in dieser Arbeit beantwortet zu sein.

Es ist den Indianern gelungen, die Resignation, die sich in den Reservaten nach ihrer Niederlage durch die Weißen gegen Ende des vergangenen Jahrhunderts ausbreitete, durch ein Selbstverständnis zu ersetzen. Es waren einerseits historische und politische Hintergründe, die diese Entwicklung begünstigt haben, doch spielte andererseits die Literatur dabei eine bedeutende Rolle.

Dies läßt sich an den Werken der indianischen Autoren klar aufzeigen: in den Autobiographien, die in den dreißiger Jahren entstanden, steht noch die Selbstdarstellung der Indianer und ihrer Kultur im Vordergrund, während in den neuesten Werken eindeutig das Selbstverständnis dominiert. Als Neihardt 1931 die Lebensgeschichte Black Elks aufzeichnete, ließ er sich auf ein Experiment ein, denn er wußte nicht, ob an einem solchen Buch überhaupt ein Interesse in der breiten Öffentlichkeit bestand. Die große Nachfrage nach der Autobiographie, besonders unter der weißen Leserschaft,[351] markiert einen gewissen Wendepunkt in der sich

---

[350] L. Ungers, Die Rückkehr des Roten Mannes, p. 114.

[351] Die Autobiographie Black Elks wurde unter anderem in sieben europäische Sprachen, darunter auch Deutsch, übersetzt, vgl. J. Neihardt, Black Elk Speaks, p. 235.

wandelnden Einstellung der Weißen gegenüber den Indianern. Dies wiederum ermutigte die Ureinwohner Nordamerikas, in der folgenden Zeit über ihre Selbstdarstellungen, die ihnen ihre eigene Kultur, insbesondere die Religion und Philosophie erneut bewußt machten, zu einem neuen Selbstverständnis zu finden, wie es sich in den modernen Gedichten, Kurzgeschichten und Romane ausdrückt.

Doch die Literatur der indianischen Autoren bewirkte nicht allein einen allmählichen Wandel in der Einstellung der Weißen den Indianern gegenüber - wie es jetzt in Darstellungen weißer Autoren zum Ausdruck kommt - sondern sie wurde zugleich für die Indianer selbst zu einem Mittler zwischen der heutigen Umwelt und den vergangenen Traditionen. Ohne das erwachende Selbstverständnis gäbe es keine indianischen Darstellungen der Indianerkultur, andererseits hat die Besinnung auf die traditionellen Werte durch die Literatur das Selbstbewußtsein soweit verstärkt, daß es in immer stärkerem Maße zu einem nationalen Bewußtsein geworden ist.

In den traditionellen Bindungen der Indianer liegt ihre Stärke und Schwäche zugleich: einerseits ist die Besinnung auf die Geschichte und Kultur eine notwendige Voraussetzung für eine nationale Bewegung, andererseits verhindern allzu enge Stammesbindungen ein überregionales politisches Vorgehen. Somit spaltet sich das Lager der indianischen Führer heute in die "Progressiven", die eine allmähliche Integration in die amerikanische Gesellschaft fordern, und in die "Traditionalisten", die ein Zurück zu den vergangenen Zeiten propagieren.[352] Ob sich die Mehrheit der Indianer für einen dieser beiden Wege - oder für den richtigeren zur Partnerschaft -

---

[352] L. Ungers, <u>Die Rückkehr des Roten Mannes</u>, p. 114.

entscheidet, hängt nicht zuletzt auch in erheblichem
Maße von der weißen Gesellschaft ab. Wenn die Weißen
bereit sind, die Indianer als gleichrangige Partner
anzusehen und damit ihre gesamte Kultur anerkennen,
dürfte es den Ureinwohnern wesentlich leichter fallen,
sich mit der amerikanischen Gesellschaft zu arrangieren,
ohne jedoch jemals ihre Traditionen aufzugeben und
vollends in die amerikanische Gesellschaft integriert
zu werden.

Die Literatur der indianischen Autoren könnte mit dazu-
beitragen, daß bei den Weißen ein größeres Verständnis
für die Indianerprobleme entsteht. Ihre wichtige Aufgabe
liegt aber andererseits darin, die Brücke zwischen dem
modernen Leben der Indianer und ihrer Vergangenheit und
Kultur zu bilden, die es ihnen ermöglicht, auch in einer
modernen Gesellschaft partnerschaftlich mit allen anderen Gruppen zusammenzuleben, ohne die eigene Identität
zu verlieren. Diese Vermittlerfunktion wird durch die
Rhetorik der modernen Indianerliteratur hergestellt.

Die neuen Werke indianischer Autoren beweisen deutlich,
daß diese Funktion der Indianer-Literatur auch durch die
Benutzung der englischen Sprache nicht verlorengeht,
sondern diese erst die allgemeine Verbreitung der Literatur und intellektuelle Kommunikation der einzelnen Stämme
als Voraussetzung für ein nationales Bewußtsein ermöglicht.
Die spezifischen indianischen Charakteristika - die enge
Verbundenheit mit der Natur und die daraus resultierende
Beschreibung menschlicher Gefühle und Empfindungen -
bleiben auch in den heutigen Werken erhalten. Auch die gegenwärtigen indianischen Autoren haben sich ihren Traditionen
verschrieben.

>"And the word is magic, At least it is magic enough to
>give the Native American identity. In this century that
>is potent magic indeed."[353]

---

[353] Th. Sanders/W. Peek, <u>Literature of the American Indian</u>, p. 12.

Literaturverzeichnis

A. Primärliteratur

American Indian Prose and Poetry. We Wait in the Darkness, ed. Gloria Levitas, Frank R. Vivelo and Jacqueline J. Vivelo (New York 1974)

CHIEF JOSEPH. An Indian's Views of Indian Affairs in: "North American Review" (128, 1879)

DAY, A. Grove, Aufhellender Himmel, Die Indianerdichtung Nordamerikas (Zürich 1960)

DELORIA Jr., Vine, Custer Died for Your Sins, An Indian Manifesto (New York 1969)

EASTMAN, Charles Alexander (Ohijesa), From the Deep Woods to Civilization (Boston 1916)

ERDOES, Richard/John Fire LAME DEER, Lame Deer Seeker of Visions, The Life of a Sioux Medicine Man (New York 1972)

I am an Indian, ed. Kent Gooderham (Toronto 1969)

MOMADAY, N. Scott, The Man Made of Words in: Literature of the American Indian;Views and Interpretations, ed. Abraham Chapman (New York 1975)

MOMADAY, N. Scott, The Way to Rainy Mountain (New York 1970)

NEIHARDT, John G., Black Elk Speaks (New York 1973^7)

ORTIZ, Simon, Kaiser and War in: North American Indian Reader, ed. Frederick W. Turner III (New York 1974)

SANDERS, Thomas E./Walter W. PEEK, Literature of the American Indian (New York 1973)

SILKO, Leslie, Bravura in: The Man to Send Rain Clouds, ed. Kenneth Rosen (New York 1974^2)

SILKO, Leslie, The Man to Send Rain Clouds in: The Man to Send Rain Clouds, Contemporary Stories by American Indians, ed. Kenneth Rosen (New York 1974^2)

The Way, An Anthology of American Indian Literature, ed. Shirley H. Witt/Stan Steiner (New York 1972)

The Winged Serpent, an Anthology of American Indian Prose and Poetry, ed. M. Astrov (New York 1946)

WELCH, James, Winter in the Blood (New York 1975)

WILLIAMS, Ted C., The Reservation (Syracuse, N.Y. 1976)

B. Sekundärliteratur

ALEXANDER, Hartley B., The World's Rim: <u>Great Mysteries of the North American Indians</u> (Lincoln/Nebraska 1953)

BOAS, Franz, Mythology and Folk-Tales of the North American Indians in: "<u>Journal of American Folklore</u>" (27, 1914)

BOOTH, Wayne C., <u>The Rhetoric of Fiction</u> (Chicago 1961)

BROWN, Dee, <u>Bury My Heart at Wounded Knee</u> (New York 1970)

CHANDLER, Raymond, <u>Farewell, My Lovely</u> (Harmondsworth/England 1975^{11})

<u>Dennis the Menace Goes to Camp</u>, Vacation Special (Greenwich/Conn. 1969)

<u>Die Heilige Schrift des Alten und des Neuen Testaments</u>, Zürcher Bibel, (Württembergische Bibelanstalt Stuttgart 1966)

DRIVER, H.E., <u>Indians of North America</u> (Chicago 1961)

FIEDLER, Leslie A., <u>The Return of the Vanishing American</u> (London 1972)

FRIEDERICI, Georg, <u>Indianer und Anglo-Amerikaner</u> (Braunschweig 1900)

HUMBOLDT, Wilhelm v., <u>Gesammelte Schriften</u>, Bd. VI und VII (Berlin 1903)

ISER, Wolfgang, <u>Der implizite Leser</u> (München 1972)

ISER, Wolfgang, <u>Der Akt des Lesens</u> (München 1976)

JOSEPHY, Jr., Alvin M., <u>The Indian Heritage of America</u> (New York 1968)

KAYSER, Wolfgang, <u>Das sprachliche Kunstwerk</u> (München 1967^{12})

KEISER, Albert, <u>The Indian in American Literature</u> (New York 1933)

KLUCKHORN, Clyde/Dorothea LEIGHTON, <u>The Navaho</u> (Cambridge, Mass. 1946)

KNOX, Norman, Die Bedeutung von Ironie, Einführung und Zusammenfassung in: Hass, Hans-Egon/Gustav-Adolf Mohrlüder, <u>Ironie als literarisches Phänomen</u> (Köln 1973)

KUTSCHERA, Franz v., Sprachphilosophie (München 1974²)

LA FARGE, Oliver, Die große Jagd, Geschichte der nordamerikanischen Indianer (Olten/Freiburg 1961)

LÄMMERT, Eberhard, Bauformen des Erzählens (Stuttgart 1967²)

MORGAN, Griscom, Kulturelles Erbe und Fortschritt in: Cummunity Comments (19, 1967) in: Anthologie zum Thema: Die Indianer und die Revolution der europäischen Kulturen, Übersetzung und Zusammenstellung von Waltraud Wagner, ohne Angaben

NEWMAN HUTCHENS, Eleanor, Die Identifikation der Ironie in: Hass, Hans-Egon/Gustav-Adolf Mohrlüder, Ironie als literarisches Phänomen (Köln 1973)

NIXON, Richard M., Message on Indian Affairs in: Dialogue, (6, 1973 No. 2)

North American Indian Reader, ed. Frederick W. Turner III (New York 1974)

RADIN, Paul, The Trickster in: Literature of the American Indians: Views and Interpretations (New York 1975)

ROLAND, Albert, The First Americans in: Dialogue (6 1973, No. 2)

SCHLEGEL, Friedrich, Fragmente in: Hass, Hans-Egon/ Gustav-Adolf Mohrlüder; Ironie als literarisches Phänomen (Köln 1973)

SCHULZ, Franz, Der nordamerikanische Indianer und seine Welt in den Werken von Ernest Hemingway und Oliver La Farge, Diss. (München 1964)

SHAKESPEARE, William, Richard III (Cambridge 1971)

STANZEL, Franz K., Typische Formen des Romans, (Göttingen 1970⁵)

STEINER, Stan, The Vanishing White Man (New York 1976)

TEN KATE, Herman F.C., Der Indianer in der Literatur, Smithsonian Report 1921, Publikation Nr. 2698 (Washington 1923), übersetzt von Franz Foff, ohne Angaben

UNGERS, Liselotte, Die Rückkehr des Roten Mannes
(Köln 1974)

WELLEK, René/Austin WARREN, Theory of Literature
(New York 1955²)

WHORF, B.L., Language, Thought and Reality
(New York 1956)

WILPERT, Gero v., Sachwörterbuch der Literatur
(Stuttgart 1969⁵)

WILSON, Edmund, Apologies to the Iroquois
(New York 1959)

WISSLER, Clark, Indians of the United States
(New York 1966²)

ZOLLA, Elémire, The Writer and The Shaman, A
Morphology of the American Indian (New York 1969)

DISSERTATIONEN
DIPLOMARBEITEN
FACHVERÖFFENTLICHUNGEN
sollten unbedingt im Verlag veröffentlicht werden!

Im Rahmen unserer Dissertations-Reihen bieten wir Doktoranden die Möglichkeit, ihre Arbeit zu günstigen Bedingungen zu veröffentlichen.

Die wichtigsten Vorteile:
- niedrige Herstellungskosten
- schnelle Veröffentlichung
- Autorenhonorar
- Einführung als Autor

Normalerweise muß der Doktorand eine hohe Zahl an Pflichtexemplaren an der Hochschule abgeben, die er auf seine Kosten drucken läßt. Erscheint die Dissertation dagegen im Verlag, reduziert sich die Zahl der abzugebenden Pflichtexemplare – es werden Exemplare zum Verkauf frei. Am Verkaufserlös wird der Doktorand angemessen beteiligt. Er spart also nicht nur durch unsere günstigen Druckkostenzuschüsse, sondern bekommt durch das Honorar noch Geld dazu.

Fordern Sie kostenlos und unverbindlich unser Informationsmaterial an:

Rita G. Fischer Verlag, Abt. Dissertationen, Alt Fechenheim 75, D-6000 Frankfurt 61

Im Rahmen unserer „edition fischer" veröffentlichen wir auch ausgewählte belletristische Werke. Nähere Auskunft erhalten Sie über die „edition fischer" im Rita G. Fischer Verlag.